ISBN 2-87027-261-8
D/1638/1988/24

La France en guerre
(1914-1918)

Du même auteur

1914, la guerre et le mouvement ouvrier français (en collaboration avec Annie Kriegel). Collection Kiosque, Armand Colin, 1964.

Le Carnet B (Les pouvoirs publics et l'antimilitarisme avant la guerre de 1914). Klincksieck, 1973.

1914, Comment les Français sont entrés dans la guerre (contribution à l'étude de l'opinion publique, printemps-été 1914). Presses de la Fondation nationale des Sciences politiques, 1977.

Les Français dans la Grande Guerre. Robert Laffont, 1980.

Le parti communiste veut-il prendre le pouvoir ? (La stratégie du PCF de 1930 à nos jours). Seuil, 1981.

La première guerre mondiale (le monde de...) MA Editions, 1985.

Histoire de l'anticommunisme. Tome I (en collaboration avec Serge Berstein). Olivier Orban, 1987.

Histoire politique de la France depuis 1945. Collection Cursus, Armand Colin, 1988.

Jean-Jacques Becker
(avec la collaboration d'Annette Becker)

La France en guerre (1914-1918)

La grande mutation

Questions au XXe siècle

EDITIONS COMPLEXE

« La vraie chronologie était celle de la guerre... »

Pierre Chaunu.

« Le temps de mon adolescence fut celui où les monuments aux morts étaient encore neufs.

....

Il m'a fallu attendre l'adolescence pour me lasser de ces récits. Il m'a fallu plus d'années encore pour prendre réellement conscience de l'atrocité du massacre. Et plus d'années encore pour en mesurer la terrifiante absurdité : l'histoire des peuples offre-t-elle beaucoup d'autres exemples d'une telle disproportion entre l'ampleur des sacrifices consentis et l'importance véritable des enjeux initialement en cause ? Que cette guerre, follement déclenchée, absurdement conduite, ait précipité dans l'horreur l'histoire du siècle tout entier, j'ai bien fini par l'apprendre. En écrivant ces mots, j'éprouve cependant encore comme un vague sentiment de trahison. »

Raoul Girardet.

(*Essais d'Ego-Histoire*,
réunis et présentés par Pierre Nora, Gallimard, 1987.)

SOMMAIRE

L'ÉTAT DE LA FRANCE EN 1914

Dans *L'Echo de Paris* du 20 août 1914[1] — la guerre était commencée depuis une quinzaine de jours — Maurice Barrès donnait sa vision de la France de l'avant-guerre :

« *Quand je me retourne vers les mois passés qui furent remplis de tant d'ignominies, je me dis : comment de ce cloaque est donc sortie cette France si pure ? (...)*

Ah ! les bons citoyens [les officiers de l'Etat-Major], *les esprits solides, les vrais savants, les dignes élèves et successeurs de tous nos grands hommes. Comme ils ont bien travaillé ! Comme ils ont courageusement serré les rangs sous la mitraille des gens haineux qui les décimaient ! (...)*

Vous rappelez-vous le temps où les politiciens ruinaient le service des renseignements ? (...)

Ah ! Revoyons-les avec une joyeuse horreur, les années maudites (...) !

Je ne rappelle pas les temps abjects pour le plaisir d'y salir ma plume... ».

Ecrit à la gloire de l'Etat-Major — le 20 août l'ampleur des défaites de la « *bataille des frontières* » et les erreurs d'appréciation de l'Etat-Major n'étaient pas encore connues, l'article de Maurice Barrès est une bonne illustration par la violence de son ton, par la vigueur de ses invectives, « *cloaque* », « *ignominies* », « *années maudites* », « *temps abjects* »... des rancœurs accumulées.

Dans une conférence prononcée à Genève deux ans plus tard, le 26 juillet 1916, un ancien président du Conseil, Louis Barthou évoquait également le climat de l'avant-guerre :

« *Pendant des années et pendant des années, nous avons été divisés, irrités, passionnés les uns contre les autres. Ces luttes politiques, ces luttes religieuses, ces luttes sociales... nous ont opposé les uns aux autres, dans l'ardeur d'une lutte où nous apportions un idéal différent. Nous nous sommes méconnus, nous nous sommes attaqués, nous nous sommes injuriés.* »

Nous pourrions multiplier des textes de ce genre : rappelons seulement les attaques « habituelles » dont Jaurès par exemple était l'objet. Du fait de journalistes de deuxième zone, comme Maurice de Waleffe :

« *Dites-moi, à la veille d'une guerre, le général qui commanderait à quatre hommes et un caporal de coller au mur le citoyen Jaurès et de lui mettre à bout portant le plomb qui lui manque dans la cervelle, pensez-vous que ce général n'aurait pas fait son plus élémentaire devoir ? Si, et je l'y aiderais !* » (Paris-Midi, *17 juillet 1914*), ou de Charles Maurras :

« Chacun le sait, M. Jaurès, c'est l'Allemagne » (*L'Action Française,* 18 juillet 1914),

mais aussi d'hommes comme Charles Péguy :

« Dès la déclaration de guerre, la première chose que nous ferons sera de fusiller Jaurès. Nous ne laisserons pas derrière nous ces traîtres pour nous poignarder dans le dos »[2].

Même langage dans un journal à l'écriture d'ordinaire modérée, comme *Le Temps :*

« Voilà dix ans qu'il est en toute affaire contre l'intérêt national l'avocat de l'étranger (...). Il est donc aujourd'hui à la place où notre vigilance l'attendait : contre le devoir national » (4 mars 1913).

Jaurès était d'ailleurs bien conscient du danger que lui faisaient courir ces outrages permanents et il lançait à certains de ses collègues de la Chambre des députés :

« Dans vos journaux, dans vos articles, chez ceux qui vous soutiennent, il y a contre nous, vous m'entendez, un perpétuel appel à l'assassinat. Il y a les calomnies les plus meurtrières, les plus imbéciles » (4 juillet 1913).

Rappelons également quelques commentaires après l'assassinat par Madame Caillaux, du directeur du *Figaro,* Gaston Calmette, dont elle craignait qu'il publie des lettres concernant sa vie privée : *« Nous répétons avec plus de force que jamais que, pour en finir avec de pareilles infamies, il importe de détruire au plus tôt la première des dames qui tuent, la première des gueuses sanglantes : la République »* (Léon Daudet dans *L'Action française* du 17 mars 1914).

Avec un peu plus de hauteur, *L'Echo de Paris* ne disait pas autre chose :

« ... *Mais son acte même n'est-il pas en quelque sorte une des conséquences fatales de ce régime d'anarchie morale et de désagrégation sociale ? On a sapé toutes les croyances, bafoué toutes les traditions, brisé tous les liens, méconnu les sentiments de l'honneur et du devoir. Peu à peu on arriverait à faire de ce peuple... un peuple de détraqués, d'affolés et d'amoraux...* » (17 mars 1914).

Doit-on à partir de ces quelques citations considérer que la France et les Français étaient si profondément divisés, qu'à défaut d'être engagés dans une guerre civile réelle, ils l'aient été au moins dans une guerre civile « froide » ? Ce serait très excessif. Il faut tenir compte de ce qu'il y avait d'artificiel dans les écrits de polémistes dont rien ne limitait les ardeurs. Contrairement aux idées reçues, du fait de l'insuffisance des lois contre la diffamation jusqu'à la Seconde Guerre mondiale, la « liberté » de langage était alors beaucoup plus grande qu'aujourd'hui. On pouvait attenter à l'honneur des personnes sans la moindre retenue, sans la moindre sanction, et des spécialistes de la polémique, comme Léon Daudet par exemple, n'hésitaient jamais à porter les accusations les plus graves, les plus insultantes, contre leurs adversaires. Pendant l'Affaire Dreyfus et après, les insultes antisémites les plus grossières ont pu être véhiculées par la presse ou la littérature sans la moindre contrainte. Jaurès lui-même dut se battre en duel en 1904 contre Déroulède qui l'avait traité du *« plus odieux pervertisseur de conscience qui ait jamais fait, en France, le jeu de l'étranger... »*. Il était donc en quelque sorte naturel qu'au milieu d'une telle cacophonie d'imprécations, ceux qui souhaitaient se faire remarquer aient été obligés de parler toujours plus fort, inconscients des effets que leurs propos pouvaient avoir sur certains.

Il n'en reste pas moins que, même en relativisant les choses, les Français d'avant 1914 avaient bien des raisons d'être dressés les uns contre les autres.

La société française était parcourue par toute une série de lignes de fracture. Certaines étaient déjà d'origine ancienne, comme celles héritées de la Révolution. Après plus d'un siècle, l'opposition était loin d'être effacée entre les thuriféraires et les contempteurs de celle-ci. Il suffit d'ailleurs de constater combien un nouveau siècle plus tard, le projet de célébration du bicentenaire de la Révolution soulève de polémiques et de sous-entendus, même en tenant compte de ce que, le temps passant, les aspects négatifs de la Révolution ont tendance à être soulignés et les aspects positifs à être considérés comme du domaine commun[3]. Mais ces lignes de fracture anciennes avaient rejoué, et d'autres étaient apparues à partir d'un épicentre nouveau, *l'Affaire Dreyfus*. Le détail des événements en a pendant longtemps caché le sens profond. Comme l'a écrit François Mauriac :

« *Nous savons aujourd'hui* [en 1960] *que l'Affaire ne fut pas l'accident, que les deux familles d'esprit qu'elles avaient dressées l'une contre l'autre n'ont pas cessé de s'affronter* (...)[4]. »

Sur le plan individuel l'engagement dans le combat fut souvent lié, pour les dreyfusards, à la conviction acquise progressivement de l'innocence de Dreyfus, mais au niveau collectif, ce sont bien deux systèmes de valeurs qui s'opposèrent (et non des slogans), deux conceptions de la société : pour les uns *vérité, justice, raison, universalisme, droits de l'homme,* pour les autres, *autorité, ordre, instinct, lois naturelles, nationalisme* dont *l'antisémitisme* et la *xénophobie* furent des aspects particulièrement visibles, *conservation sociale*[5]. De là tout le reste a découlé : la victoire lente et difficile du dreyfusisme a été matérialisée par l'annulation par la Cour de cassation, le 12 juillet 1906, du jugement condamnant le capitaine Dreyfus, par sa réintégration dans l'armée ainsi que celle du général Picquart, par le choix de ce dernier comme ministre de la Guerre en 1906 dans le ministère Clemenceau... Mais les conséquences politiques et « sociétales » ont été sensiblement antérieures : fin d'une France gouvernée au centre et retour au *gauche contre droite,* représenté d'abord par le ministère Waldeck-Rousseau et ensuite, bien davantage, par le *Bloc des Gauches* après sa victoire en 1902, offensive anti-cléricale (loi sur les Associations de 1901, ministère Combes en 1902-1905, séparation de l'Eglise et de l'Etat en 1905, crise des « Inventaires » en 1906). Dans la décennie précédente, le « ralliement » de l'Eglise au régime républicain avait pu faire penser à une réintégration des catholiques dans le système politique français, mais les liens du catholicisme avec la droite et la droite la plus extrême pendant l'affaire Dreyfus, l'esprit de croisade qui a alors soufflé chez les fidèles, ont largement contribué à approfondir la fracture de la société française entre cléricaux et droite d'un côté, anticléricaux et gauche de l'autre. Pour les Républicains, cette bataille contre le cléricalisme a été essentielle, y compris pour ceux qui auraient pu privilégier la question sociale. Jaurès écrivait dans *La Dépêche* du 30 avril 1905 :

« La grande réforme de la Séparation, la plus grande qui ait été tentée dans notre pays depuis la Révolution française »[6].

A son tour la passion anticléricale ne connaît plus de limites : scandale de *l'affaire des fiches* quand on apprend que les opinions religieuses des officiers étaient espionnées et mises en fiche ; apparition de publications spécialisées dans l'anticléricalisme, comme d'autres l'étaient dans l'antisémitisme, ainsi *La Calotte* fondée justement en 1906[7].

La victoire des anticléricaux, des dreyfusards, l'établissement de la *République radicale,* provoquent à leur tour une vive réaction des vaincus. Le gant est relevé par le *nationalisme.* Ce n'était certes pas un phénomène nouveau. Le boulangisme en avait été récemment l'expression, et il n'avait pas ménagé sa peine pendant l'Affaire Dreyfus, mais de la crise sortit un nationalisme en partie différent, synthèse de courants antérieurs. Ses adversaires l'ont d'ailleurs assez bien aidé à trouver sa voie. Clemenceau dénonce à longueur d'articles la nouvelle alliance du « sabre et du goupillon », du cléricalisme et du militarisme ; ainsi dans la *Dépêche de Toulouse* du 25 janvier 1898 :

> *« Chassée des administrations par la révolution laïque, expulsée du prétoire même, qu'elle a, pendant des siècles, ensanglanté de ses horreurs, n'ayant d'ailleurs jamais compté pour son triomphe que sur la puissance de l'épée, elle* [l'Eglise] *a mis, depuis la Révolution, toute sa confiance en l'armée ».*

Ce nationalisme, même *« s'il s'obstine dans la fidélité aux provinces perdues, n'est plus un nationalisme conquérant, un nationalisme d'expansion. Il est avant tout mouvement de défense, repli, resserrement sur lui-même d'un corps blessé »*[8]. C'est un *nationalisme d'exclusion* qui vise tous les traîtres avérés ou potentiels à une conception de la société qui ne souffre pas de compromis : les socialistes, les radicaux, les francs-maçons, les Protestants, les étrangers, les Juifs, l'antisémitisme apparaissant comme une sorte d'élément symbolique et fédérateur de toutes ces exclusions. *L'Action française* a su capter, personnifier ce courant, au détriment d'une *Ligue des Patriotes* un peu surannée. Progressivement elle est devenue le *parti nationaliste* par excellence[9]. Il est difficile de connaître l'influence réelle d'une organisation qui, par nature, rejetait le combat électoral, mais mouvement jeune, dynamique, en progrès, son influence allait bien au-delà de ses effectifs ou du tirage de son journal. Soutenue par les milieux catholiques, profitant d'une conjoncture internationale qui lui permettait d'apparaître comme *« l'avant-garde du mouvement national »,* l'Action française était une force qui comptait[10].

Après le conflit d'une exceptionnelle violence que fut l'Affaire Dreyfus et ses prolongements, d'autres questions comme la *question sociale* auraient pu prendre le pas. Il est vrai que la naissance d'un parti socialiste unifié en 1905, bientôt une des grandes forces politiques françaises, ses rapports difficiles avec le radicalisme, la croissance de la CGT dans laquelle les syndicalistes-révolutionnaires jouent un rôle moteur, accentuent la fracture pré-existante entre monde ouvrier et ses représentants et monde « bourgeois ». Mais au même moment la *question nationale* (non plus dans le sens interne, mais dans le sens externe) reprend force.

Il faut être extrêmement circonspect envers l'idée longtemps répandue d'une sorte de longue veillée d'armes à partir de 1905. Néanmoins la crise de 1905, celle d'Agadir en 1911, les guerres balkaniques en 1912/1913, ont créé un état de tension en Europe, d'où pouvait sortir un conflit. Lorsque la guerre éclata, le sentiment probablement le plus répandu dans toutes les couches de la population fut celui de la surprise, mais il n'est toutefois pas contradictoire avec le fait que, dans les années postérieures à 1905, la « question nationale » ait retrouvé son importance. Elle était devenue un terrain de combat, d'autant meilleur pour le camp conservateur, dont le nationalisme était en quelque sorte le fer de lance, que l'autre camp, ou du moins une partie de l'autre camp, le lui avait abandonné. C'est le moment en effet où le syndicalisme, à la remorque des syndicalistes-révolutionnaires, professe *l'antimilitarisme et l'antipatriotisme,* et annonce son intention de saboter la mobilisation le cas échéant, au point que tout un dispositif de répression, connu sous le nom de Carnet B[11], avait été mis au point. Les dirigeants les plus illustres du parti socialiste, Jaurès, Jules Guesde, ne se sont pas laissé entraîner dans cette voie, mais une fraction du parti rassemblée autour de Gustave Hervé[12], dont l'influence ne fut pas négligeable, épousa les mêmes thèmes. Quant aux autres socialistes, ils avaient fait de la défense de la paix un de leurs thèmes majeurs, en évoquant la grève générale pour empêcher la guerre, comme ils le firent encore lors de leur congrès de juillet 1914, permettant facilement à leurs adversaires d'emboucher les trompettes du patriotisme.

C'est donc tout naturellement par rapport à la question nationale que les deux camps se reforment et s'affrontent : à vrai dire les limites ne sont pas exactement les mêmes. Il y a eu des transfuges d'un camp vers l'autre : Charles Péguy est passé du dreyfusisme au nationalisme ; toute une fraction des républicains modérés, — dont certains, il est vrai, comme Alexandre Millerand ou Aristide Briand, ont débuté dans les rangs socialistes — se sont rapprochés de l'autre camp.

La proposition faite en 1913 de porter à trois années la durée du service militaire (qui était de deux ans depuis 1905), provoqua un débat passionné. Il opposa fondamentalement les deux mêmes camps que l'Affaire Dreyfus quelques années plus tôt, avec toutefois une importante différence. Pendant l'Affaire Dreyfus ceux qui voulaient juger d'un point de vue uniquement « technique », innocence ou pas, s'étaient retrouvés progressivement du côté dreyfusard, alors que dans le débat sur la loi de trois ans, la même attitude a conduit dans l'autre camp. Les conditions de la guerre firent que la loi de trois ans ne donna pas les résultats escomptés et eut même des conséquences pernicieuses en faisant négliger, au moins dans les premières batailles, de donner toute leur place aux réserves, mais en 1913, une classe de plus sous les drapeaux pouvait sembler nécessaire en cas *« d'attaque brusquée »*. Or la crainte de *« l'attaque brusquée »* était presque une doctrine officielle. Aussi dans ce partage entre deux France, alors que la France dreyfusarde l'emportait nettement au début du siècle, une dizaine d'années plus tard il était bien difficile de savoir qui prenait l'avantage, de la France « troisanniste » ou de la France « antitroisanniste » : lors des élections d'avril-mai 1914, la tradition veut que la gauche l'ait emporté. En réalité on a pris la partie pour le tout ou l'apparence pour la réalité. La progression très sensible des socialistes a donné l'impression que la France de gauche avait gagné, alors qu'aucun camp n'avait remporté un succès clairement démontrable.

Est-il donc légitime de considérer que cette nation où deux blocs d'importance assez proche (sans compter les fractures internes à chacun de ces blocs) s'opposaient sur à peu près tout, et en tout cas se dressaient face à face avec violence chaque fois qu'un grand problème interne ou externe, du domaine de la politique ou de celui de la société apparaissait, était vraiment un pays en guerre avec lui-même ?

Toutes les apparences, et pas seulement les apparences d'ailleurs, le suggèrent. Et pourtant, il y avait au moins une valeur commune, le patriotisme. Aussi violent, aussi haineux que le débat sur les trois ans ait été, il l'avait montré d'une certaine façon. La lutte opiniâtre des socialistes, et *a fortiori* des radicaux, contre les trois ans ne s'était jamais faite au nom d'un refus de la défense nationale. Les uns et les autres ne mettaient pas en doute la nécessité de faire quelque chose pour améliorer la défense du pays : le désaccord portait sur la forme que devaient prendre ces améliorations et non sur leur nécessité. Jaurès, qui s'intéressait aux problèmes militaires, avait publié en 1911 *L'Armée nouvelle,* expression de ses idées dans ce domaine, et il en avait profité pour rejeter avec force la célèbre phrase de Marx dans le *Manifeste communiste, « les prolétaires n'ont pas de patrie ». « C'est la négation sarcastique de l'histoire elle-même (...). C'est l'idée sacrifiée à la boutade. »* Pour lui les rapports sociaux s'organisaient dans le cadre de la nation et c'était particulièrement vrai en France.

En réalité les valeurs patriotiques, dont le point de départ pouvait être différent, étaient à l'arrivée un domaine commun à ces deux France opposées. On était en désaccord sur la Révolution française et sur son apport à l'idée nationale, mais les manuels scolaires qu'avait lus l'immense majorité des enfants étaient une école de patriotisme, même s'ils proposaient en même temps un idéal de paix universelle et affirmaient l'horreur de la guerre[13]. L'analyse de l'influence d'un homme comme Ernest Lavisse, le maître des études historiques en France à cette époque, conduit aux mêmes conclusions[14]. Comme l'a écrit récemment Pierre Nora :

« Aucune histoire n'a, sans doute, fait un pareil effort pour souder le passé monarchique au présent républicain, pour donner à l'aventure nationale sa cohérence et sa portée exemplaire »[15].

Pendant la campagne des trois ans, des phrases outrageantes avaient été prononcées. *La Croix* avait publié (12 mars 1913) deux grandes photographies de Guillaume II et de Jaurès avec cette mention : *« Deux amis »*, le radical Edouard Herriot avait dénoncé *« le patriotisme de parade et de spéculation »* (5 août 1913) des nationalistes, mais il n'était au pouvoir de personne d'empêcher que dans son immense majorité, d'un côté comme de l'autre, l'opinion était d'abord patriote.

Néanmoins, cela — il est vrai — apparaissait peu dans la réalité : lors du procès de Raoul Villain, l'assassin de Jaurès, cinq ans plus tard, un témoin affirmait encore : *« La loi de trois ans était pour nous un dogme, tous ceux qui s'y opposèrent étaient jugés par nous traîtres à la patrie »*[16], mais il est vrai aussi que le dernier gouvernement formé avant que la guerre n'éclatât, comprenait dix ministres qui avaient voté pour les trois ans, cinq contre, dont le président du Conseil, René Viviani, et deux qui s'étaient abstenus. C'était au moins la preuve qu'il existait des passerelles...

LES PROGRÈS DU CONSENSUS

Union sacrée : à elle seule la formule symbolise l'histoire des Français pendant la Première Guerre mondiale. Née dans les premières heures de la guerre sous la plume du président de la République, Raymond Poincaré, dans le message adressé aux députés et par dessus eux au pays : « *Dans la guerre qui s'engage, la France (...) sera héroïquement défendue par tous ses fils, dont rien ne brisera devant l'ennemi l'Union sacrée...* », la formule a connu un succès, et aussi une postérité immense. Elle traduit une attitude d'un caractère exceptionnel, merveilleux, paradoxal. Même si des expressions analogues ont été utilisées dans d'autres pays, comme par exemple le *Burgfrieden* (la paix civile) allemand, elles n'ont pas suscité tant de commentaires, ni été autant évoquées par la suite. Que la France fasse preuve d'une cohésion plus forte que la plupart des autres pays engagés dans la cruelle épreuve, a semblé parfaitement inattendu. Penser qu'il en serait ainsi aurait exigé d'être un observateur particulièrement averti et attentif de la réalité française, beaucoup plus qu'il ne l'était possible au ras de l'événement.

L'union sacrée

La genèse de l'union sacrée

Même si l'élément essentiel de l'union dans les circonstances du moment, c'est-à-dire le patriotisme de l'immense majorité de la population, existait dans le fond des consciences françaises, même si, depuis des années, on s'interrogeait sur les risques de guerre, jusqu'à la fin du mois de juillet 1914, la situation n'était pas apparue assez grave ou menaçante pour qu'une ébauche d'union se réalise entre partis opposés. C'est donc tout à fait à chaud que l'union allait se faire.

La réalisation de l'union peut être analysée à trois niveaux, celui de la population globale, celui des courants politiques ou spirituels, celui du gouvernement.

Tous les témoignages concordent. Chez les simples gens l'esprit d'union a soufflé de façon aussi spontanée qu'impétueuse. Plus que dans les villes et surtout dans les grandes villes, c'est dans les petites agglomérations, dans les villages, qu'on a pu constater la puissance de ce mouvement, là où tout le monde se connaît, là où avant-guerre on ne se parlait pas parce qu'on n'appartenait pas au même camp. La pierre de touche, ce fut le fréquent franchissement de la barrière entre les champions obligés — quoi qu'ils aient pu en penser quelquefois — des deux camps, l'instituteur et le curé. Cette sorte de pardon des injures, la reconnaissance d'appartenir d'abord à une communauté plus haute qui est la communauté nationale avant la communauté idéologique, s'est matérialisée chez des personnalités-phares. Mais quand Charles Péguy s'enchantait des articles de Gustave Hervé, quand Gustave Hervé célébrait Déroulède, mort quelques mois plus tôt, ce n'était là que la traduction de ce qui se passait dans la masse de la population. Chacun ne croyait pas pour autant que l'autre n'était pas différent, mais il ne croyait plus que cette différence supposait de se faire la guerre. Miracle de la guerre d'avoir réalisé la paix civile…

Le tableau presque idyllique de l'instituteur prêtant son *Radical* au curé pendant que le curé lui donnait en échange sa *Croix* n'a évidemment pas été vrai partout. Mais il représente la tonalité la plus habituelle. Il est trop tôt pour discuter de la profondeur réelle de ces attitudes, mais d'ores et déjà il apparaît qu'elles allaient au-delà du réflexe de survie face à une catastrophe naturelle, au-delà de l'incendie de la maison de son voisin que l'on déteste, mais à qui on prête tout de même un seau ! Malgré l'aspect presque instantané de ces comportements, ils furent moins du domaine de l'instinct que de celui du raisonnement. Là encore tous les témoignages se recoupent, l'union des Français a moins été la conséquence du fait de guerre, assimilable en quelque sorte à une catastrophe naturelle, que du fait de l'agression. On le sait, une immense littérature a été consacrée aux origines de la guerre, aux responsabilités encourues, et ce n'est pas nous qui en nierons l'intérêt, mais en l'occurrence cela importe peu. Pour l'opinion française dans sa masse, vrai ou faux, l'agression allemande n'a pas fait de doute. Plus que tout discours, cette conviction à peu près unanimement partagée a été le levier de l'union des Français, alors que la volonté de la *revanche* ou de la reconquête de *l'Alsace et la Lorraine* a tenu bien peu de place dans les raisons de répondre sans faiblesse à l'ordre de mobilisation. Réflexe de *défense nationale,* dont les contemporains ont eu conscience, dont beaucoup ont dit qu'il était directement lié à l'agression subie. En aurait-il été autrement dans le cas contraire ? On ne peut analyser des situations qui n'ont pas été, mais beaucoup de ceux qui sont partis avec résolution ont dit que dans cette hypothèse les choses auraient été différentes.

Cette France rassemblée, cette France dressée, comme elle ne l'avait jamais été dans son histoire et comme elle ne l'a jamais été depuis — rappelons-nous la Convention luttant en même temps contre l'ennemi extérieur et contre une grande partie des Français levés contre elle —, fut l'effet de ce véritable soulèvement de la conscience nationale, qui n'a laissé pratiquement aucun courant politique ou spirituel en dehors.

A vrai dire dans le spectre politique et idéologique français, le problème concernait surtout les forces qui, pour une raison ou une autre, se trouvaient ou croyaient être maintenues en dehors de la cité, c'est-à-dire principalement les ouvriers et les catholiques. Prise dans un sens littéral la formule pourrait prêter à sourire, parce que, défalqués les ouvriers et les catholiques, le nombre de Français restants aurait été faible. Entendons donc plutôt : le « mouvement ouvrier » et « l'Eglise catholique ». En effet pour la gauche radicale, pour le centre et la droite républicaine, pour les nationalistes, répondre à l'appel de la nation ne faisait pas problème. Les nationalistes — certes — n'aimaient guère cette République ou n'aimaient pas la République du tout, mais la guerre, même s'ils ne l'avaient pas souhaitée, était plutôt la bienvenue. En revanche, l'Eglise catholique qui estimait que, dans la période précédente, elle avait été victime de la part de la République de persécutions, pouvait-elle maintenant appeler à combattre pour ses persécuteurs ? La « persécution » républicaine n'avait pas été jusqu'à mettre sa vie en danger — on n'était plus à l'époque des guerres de religion ! —, mais la situation de l'Eglise pouvait être comparée à celle des Juifs de Russie, victimes de la persécution tsariste. Allaient-ils combattre pour le Tsar ?

En principe la question ne se posait pas, l'Eglise de France faisait profession de patriotisme, et ses liens avec le nationalisme étaient importants, comme nous l'avons déjà vu. Dans la réalité, elle se posait, et même de plusieurs façons. En premier lieu l'Eglise appartenait à une communauté internationale et son chef était à l'étranger. Dans la guerre qui s'engageait, il y avait des catholiques dans les deux camps. Comment le Pape, à supposer qu'il l'ait voulu, pouvait-il choisir ? Il ne pouvait qu'en appeler à la nécessité de la paix. Tiraillée entre deux fidélités, envers une patrie dont elle exécrait le régime et envers le pape, la situation de l'Eglise aurait pu être embarrassante. En réalité, l'Eglise et les catholiques dans leur masse eurent le sentiment que, étant données les circonstances du moment, la fidélité envers la nation était la plus pressante. Le souvenir des *« cruelles blessures »* n'était pas perdu pour autant, et quelques signes discrets ont montré que servir un gouvernement certes légal, mais hostile, n'allait pas sans sacrifices, sans pincements au cœur. Un certain nombre de personnalités religieuses l'exprimèrent clairement et firent remarquer que le jour venu il serait nécessaire d'en tenir compte. Quant à la fidélité envers le Pape, elle ne fut pas déclarée fidélité seconde, mais dans la mesure où elle ne pouvait pas véritablement se traduire dans la pratique (le Pape n'avait d'ailleurs pas demandé aux catholiques de ne pas participer à la guerre), elle se matérialisa par la publication dans la presse catholique des appels pontificaux à la paix, appels que d'ailleurs la censure étouffa bien vite.

Le ralliement à la défense nationale posait également des questions complexes, encore plus complexes, au « mouvement ouvrier ».

Pour le parti socialiste, l'adhésion à la défense nationale — à partir du moment où il s'agissait bien de défense nationale — ne faisait pas de doute, d'autant que ceux qui y avaient été hostiles dans le passé, comme Gustave Hervé et ses fidèles, avaient changé de cap et abandonné leur velléités révolutionnaires en cas de menace de guerre. De son côté, Jaurès avait été mis en cause au mois de juillet 1914 : il avait alors soutenu et fait triompher devant le congrès du parti socialiste une motion appelant à la grève générale en cas de menace de guerre, grève générale menée solidairement avec les ouvriers des autres éventuels belligérants. Mais il avait expliqué qu'il n'y avait pas contradiction entre lutter pour la paix jusqu'à... l'éclatement de la guerre et faire le devoir national, une fois la guerre engagée. Ce n'est pas le lieu ici de souligner la différence essentielle qui existe entre une motion de congrès politique — quelle que soit la formation considérée — et la réalité, ni d'examiner le caractère utopique de ce programme, ni la contradiction à limiter son pacifisme... au temps de paix. Il n'en reste pas moins que pour la presque unanimité des socialistes, il n'y a pas eu grand problème à manifester pour la paix, à tenir des réunions pacifistes au cours de la crise de la fin juillet 1914 et, ensuite, à

« courir aux frontières », même si Jules Guesde avait trouvé absurde la motion de Jaurès — ou bien on faisait la grève générale ou bien on *« courait aux frontières »,* disait-il, mais on ne pouvait faire les deux en même temps !

En revanche les syndicalistes-révolutionnaires ne faisaient pas de distinction entre une crise précédant l'éclatement d'une guerre et la guerre elle-même, et ils avaient depuis longtemps décidé que dans ce cas les ouvriers devaient déclencher une grève générale insurrectionnelle, sans même attendre de consignes... Ils étaient antipatriotes par doctrine. La nature du conflit, agression ou pas, patrie menacée ou pas, n'entrait pas dans leur raisonnement. La guerre, quelle qu'elle soit, n'était que la traduction des intérêts de la société capitaliste, société qu'ils rejetaient en bloc et internationalement. Ils ne pouvaient d'aucune façon y participer. Discours théorique cohérent, à une remarque près, que les ouvriers, que les syndicalistes, que les éventuels insurgés, aient bien conscience de n'avoir pas de patrie et pas de devoir envers elle. C'était là la faille du raisonnement. La classe ouvrière était beaucoup plus intégrée dans la nation que les syndicalistes révolutionnaires ne l'avaient cru, ou avaient voulu le faire croire. De façon un peu schématique, le problème que la CGT a dû affronter fut de sortir du piège dans lequel elle s'était elle-même enfermée, sans trop se déconsidérer. Elle y fut aidée par les socialistes et en particulier par Jaurès. Celui-ci leur montra qu'il n'y avait pas de honte à ne pas appliquer des principes, inapplicables en la circonstance, du fait de l'absence de toute solidarité internationale, de l'absence presque complète d'initiatives locales et enfin de ce courant irrésistible qui entraînait les Français, quelle que soit leur condition sociale, vers la défense nationale. Comme l'a dit plus tard Ludovic Frossard, le premier Secrétaire général du Parti communiste en France après la guerre, on ne peut pas faire de grève générale sans grévistes, ni d'insurrection sans insurgés.

Fallait-il encore qu'on laisse les syndicalistes se rallier à la défense nationale et qu'on ne les traite pas en parias. Or les menaces d'un éventuel sabotage de la mobilisation avaient été suffisamment prises au sérieux pour qu'ait été établie la liste de ceux qui devaient être arrêtés en cas de mobilisation. Pas loin de deux mille personnes, anarchistes, syndicalistes, ainsi que quelques socialistes, avaient été répertoriées comme susceptibles de tenter d'entraver la mobilisation et inscrits sur ce qu'on appelait *le Carnet B*[1]. Appliquerait-on le Carnet B ? Le ministre de l'Intérieur, Louis Malvy, estima que ce n'était pas nécessaire. Sa décision n'alla pas sans difficulté : d'abord, malgré les consignes ministérielles, des arrestations eurent lieu, en particulier dans le Nord et le Pas-de-Calais, ensuite il fallut vaincre certaines oppositions, celles de hauts fonctionnaires de la police, celle de Clemenceau — personnalité fort influente, même s'il n'était pas au pouvoir à ce moment —, celle du ministre de la Guerre, Adolphe Messimy, qui, très excité par les événements, se répandait en formules vigoureuses : *« Laissez-moi la guillotine et je garantis la victoire ! »*

Comme pour l'Eglise, plus que pour l'Eglise, il serait erroné de croire que la totalité des socialistes et plus encore la totalité des syndicalistes se soient ralliés à l'union, sans quelque amertume, sans troubles de conscience quelquefois. Dans certaines localités ouvrières le tonus patriotique fut moins fort, la résolution de faire son devoir moins vigoureuse qu'ailleurs. Globalement toutefois, le pourcentage de ces attitudes fut à peu près négligeable.

Ces deux secteurs de l'opinion auraient pu se différencier du reste de la population. Il n'en fut rien. Le mouvement entraînait bien tout le monde. Le consensus était réalisé. Comme si le passé n'existait pas, un Comité de secours national se créa où siégeaient côte à côte des représentants des syndicalistes révolutionnaires dont Léon Jouhaux, le Secrétaire général de la CGT, des représentants du Parti socialiste, de l'Action française, de l'archevêché de Paris et la fille du nationaliste Paul Déroulède...

L'événement le plus symbolique fut toutefois les obsèques de Jaurès, le 4 août. Celui que l'on couvrait d'outrages moins de trois semaines auparavant fut transformé en héros national : non seulement les pouvoirs publics étaient là, conduits par le président du Conseil René Viviani qui avait été socialiste il n'y avait pas si longtemps, mais aussi les représentants des organisations nationalistes, Maurice Barrès, le président de la *Ligue des Patriotes,* en tête. Un discours retint particulièrement l'attention, celui de Jouhaux célébrant Jaurès — qu'il n'aimait guère de son vivant —, mais surtout jetant à l'immense foule : « *Nous serons les soldats de la liberté...* ».

C'est au troisième niveau, celui du gouvernement, que la réalisation de l'union sacrée s'est traduite par le plus de difficultés. La formule de l'union nationale n'appartenait guère aux traditions politiques françaises, et, par déformation professionnelle, les hommes politiques étaient les moins aptes à oublier leurs divergences d'hier. Les problèmes de personnes ne pouvaient manquer de jouer. Dans ces conditions, ce ne fut que le 26 août — au milieu d'une certaine indifférence, la gravité des événements relativisant l'importance d'un remaniement ministériel — que le gouvernement fut « élargi ». Elargir ne signifiait pas constituer un gouvernement représentant toutes les tendances politiques françaises. Deux socialistes, Jules Guesde et Marcel Sembat, faisaient leur entrée pour la première fois dans un gouvernement « bourgeois », Delcassé revenait aux Affaires étrangères et Alexandre Millerand à la Guerre, Alexandre Ribot représentait la droite républicaine aux Finances. Cependant, contrairement aux souhaits du Président de la République, il n'avait pas été possible d'intégrer dans la nouvelle équipe Albert de Mun et Denys Cochin qui auraient représenté la droite nationaliste et catholique.

On le voit, dans ce climat de consensus, la formidable barrière entre cléricaux et laïques n'avait pas encore pu être franchie.

La nature de l'union sacrée

La difficile constitution d'un cabinet dit d'union sacrée mais qui n'allait pas jusqu'à l'union nationale, conduit à s'interroger sur ce que signifiait cette formule, pour ceux qui l'ont pratiquée. Sa définition la plus simple est d'être *l'union pour la défense nationale,* ce qui amalgamait deux notions différentes, celle d'union et celle de défense nationale, d'où par nature déjà une certaine ambiguïté.

L'ambiguïté a résulté ensuite de la durée de l'union sacrée : les circonstances l'ont conduite à se perpétuer sur une longue période, alors que, dans la pensée de tous, cette union ne correspondait qu'aux quelques semaines pendant lesquelles la guerre devait se poursuivre. En effet, quelle que soit sa catégorie sociale, sa région de résidence, son niveau de responsabilité, chacun était persuadé au moment où la guerre éclata qu'elle serait courte. Par guerre courte, il fallait entendre entre quelques semaines ou quelques mois, par exemple entre la fin septembre et la fin de l'année 1914. Il a fallu que le front se stabilise vers le mois de décembre pour qu'on en vienne à l'idée que cette guerre serait plus longue que prévu. Plus longue, cela signifiait à ce moment quelques mois de plus...

Il est essentiel de ne pas perdre de vue cette donnée du comportement de chacun. L'attitude par rapport à cette union dont nous avons vu qu'elle se réalisa de façon presque instinctive, fut directement liée à l'idée que c'était pour peu de temps. Il n'était pas envisagé d'abandonner ce à quoi on croyait sur l'autel de l'union. Pendant la période où cela serait nécessaire, on se concentrait uniquement sur ce qui était utile pour la défense nationale, et on faisait abstraction, autant qu'il était possible, des sujets qui risquaient de provoquer des affrontements. Personne ne renonçait à ce qu'il était, syndicaliste, socialiste, nationaliste, catholique, anticlérical. Il mettait simplement de côté ce qui n'avait plus d'importance pendant le temps où seules compteraient les opérations militaires. Assez paradoxalement on retrouvait là l'idée de Jaurès selon laquelle, si on voulait lutter pour la paix, il fallait se mobiliser avant que la guerre ne commence. Après ce ne serait plus possible. Dans un pays en guerre, seule comptait la guerre. En d'autres termes, le mot d'union, avec l'acception de fusion qu'il comporte, ne correspondait pas à la réalité. Il aurait été plus exact de parler de « trêve ». D'ailleurs, dans les rapports administratifs, ceux des préfets, et ceux de leurs subordonnés, la recherche de l'expression juste a très souvent conduit à employer celle de *trêve des partis*. La presse également a assez peu utilisé, dans un premier temps, l'expression d'union sacrée : *Le Temps* qui fut un des premiers à l'employer dans ses numéros des 6, 8 et 15 août 1914, lui donnait en fait le sens précis de manifestation de solidarité nationale. Dans *L'Humanité,* on ne rencontre un article titré *« Union sacrée »* que vers le 20 novembre.

Cette trêve cependant connaissait obligatoirement des limites. Il fallait bien que les journalistes écrivent quelque chose et ils ne pouvaient éternellement broder sur le thème de l'union. Ensuite parce que chacun avait bien conscience que le débat politique et social reprendrait quelques semaines plus tard. Celui-ci dépendrait dans une certaine mesure de ce qui se serait passé pendant la période des hostilités, et il était possible de concevoir que l'épreuve nationale subie conduirait à plus de tolérance les uns envers les autres. Il était non moins clair qu'on ne pouvait négliger de se placer pour les combats futurs, en espérant tirer parti de la lucidité que l'on s'attribuait pour l'avant-guerre et de son attitude pendant le conflit. Avec la retenue que les circonstances imposaient, l'union sacrée ne pouvait empêcher chacun de prendre date.

Tout en protestant de son adhésion à l'union sacrée, chacun des courants politiques ou spirituels conserva donc une large autonomie de pensée, et cette autonomie ne pouvait manquer de se heurter à celle des autres, et donner naissance à des polémiques le plus souvent feutrées, mais qui, dans certains cas, connurent une grande vivacité.

Ces « différences d'interprétation » portèrent essentiellement sur trois thèmes : la nature et les objectifs de la guerre, les conditions de préparation au conflit, la place de l'Eglise dans le pays. Il s'agissait en fait, sous une forme assez voisine, des grandes questions qui agitaient l'opinion avant le déclenchement de la guerre.

La nature et les objectifs du conflit peuvent se résumer en une formule, rendue célèbre par la Seconde Guerre mondiale : « *Pourquoi nous combattons.* » Avec des nuances et des passages progressifs d'une position à une autre, on trouve d'un côté la gauche, surtout les socialistes, mais aussi les radicaux, de l'autre côté la droite, du centre-droit à l'extrême-droite. Pour les premiers, il ne s'agissait pas d'une lutte contre le peuple allemand, ou une quelconque guerre « raciale », peuple contre peuple. Pour les seconds c'était bien une guerre contre « l'Allemagne éternelle », contre la race allemande, contre le germanisme, suite des campagnes menées dans l'avant-guerre sur l'impossibilité de se réconcilier avec l'Allemagne et les Allemands. Traitées déjà de billevesées dans les années passées, les tentatives de rapprochement avec les Allemands menées par les socialistes et certains radicaux montraient toute leur vanité du fait de l'expérience actuelle. Pour les socialistes, les Allemands restaient des hommes, même s'il fallait les combattre. Pour les nationalistes, les Allemands, capables de toutes les vilenies, bassesses, cruautés, leurs artistes les plus illustres, même Beethoven, n'échappaient pas à cette dénonciation globale, n'étaient que les ennemis à abattre.

Pour les socialistes se posait d'ailleurs très particulièrement la question de l'attitude des socialistes allemands. Pendant longtemps, et de plus en plus contre toute évidence, les socialistes français avaient voulu croire que les socialistes allemands se dresseraient contre cette guerre d'agression. Quand ils furent bien obligés de se convaincre qu'il n'en était rien, ils couvrirent d'opprobre leurs camarades traîtres à l'internationalisme (qui pourtant ne se comportaient pas différemment des socialistes français par rapport à leur patrie !)

Il n'en reste pas moins que, pour les socialistes français, leur combat restait « internationaliste », en ce sens que la lutte n'était pas destinée à satisfaire des intérêts français (ils ne voulaient pas que l'on parle de revanche), mais à abattre le militarisme allemand, à renverser le système autoritaire de gouvernement de l'Allemagne et ouvrir la route à la démocratie et à la République allemande. Pour leurs contradicteurs, au contraire, il s'agissait bien d'un combat de caractère « nationaliste », dont le but était d'écraser l'Allemagne. Que la revanche ait lieu par les armes, personne ou presque n'osait le demander depuis des années, mais puisque les conditions nous en étaient offertes, il fallait la prendre.

La même opposition se retrouvait en ce qui concerne la conception même de la guerre. Les socialistes n'entendaient pas renoncer au pacifisme. Faire la guerre, malgré les apparences, n'était pas en contradiction avec le choix du pacifisme dans les relations internationales. La guerre restait une chose affreuse, une calamité que les circonstances obligeaient à faire. On faisait la guerre pour la paix. A quoi la droite (et pas seulement son aile extrémiste) répondait qu'il était faux que la guerre soit la pire chose qui pouvait arriver, que la servitude par exemple serait pire. Ce n'est que dans les parties extrêmes de la droite que l'on allait jusqu'à exalter la guerre pour la guerre, la guerre régénératrice.

D'une autre façon encore, pour les uns il ne s'agissait que de faire triompher, à la faveur de la guerre, les principes de la Révolution française. On entendait combattre sous le drapeau de Valmy ou de Jemmapes, et cette guerre n'était que la suite des combats menés par les « patriotes » de 1792. On conçoit que les nationalistes dont une bonne part (ceux de L'Action française au moins) rejetaient les principes de 1789, ne pouvaient adhérer à de telles propositions.

Les conditions de la préparation de la France à la guerre étaient l'objet d'un deuxième débat, et tout naturellement la controverse à propos de la loi de trois ans était revenue à l'ordre du jour. Là encore les deux camps n'étaient prêts à aucune concession (et comme à l'heure actuelle les spécialistes en débattent encore, on conçoit que la vérité ne devait pas être aveuglante).

Les positions étaient les suivantes :

Pour les anciens « troisannistes », les trois ans avaient évité le désastre au pays et le président du Conseil qui avait fait voter cette loi, Louis Barthou, pouvait être considéré comme « le sauveur de la France ». Grâce à cette classe supplémentaire instruite en 1914, l'armée française avait été en mesure de supporter le choc de l'armée allemande. Bien entendu *« l'attaque brusquée »,* dont les trois ans de service militaire devaient être la parade, n'avait pas eu lieu, mais c'était justement parce que, en raison des effectifs immédiatement utilisables de l'armée française, les Allemands n'avaient pas osé. Disons au passage que cet argument était dénué de toute valeur, car les Allemands appliquaient un plan, le plan Schlieffen, prévu depuis bien longtemps et qu'ils ne l'avaient en rien modifié en fonction de la récente loi de trois ans. Il va de soi toutefois que les arguments échangés sur le moment étaient bien incapables de s'inspirer de la réalité, souvent ignorée.

Les adversaires des trois ans étaient tout aussi catégoriques dans leur conviction d'avoir eu raison. Comme ils le faisaient remarquer, une fois la mobilisation achevée, la loi de trois ans ne donnait pas un soldat de plus, et les conceptions stratégiques liées aux trois ans avaient bien failli provoquer la perte de la France. En effet, les chefs français, persuadés que les Allemands n'utiliseraient pas leurs réserves dans un premier temps, avaient estimé que l'ennemi ne disposerait pas des effectifs suffisants pour, à la fois contenir l'offensive française en Lorraine et réaliser un vaste mouvement tournant à travers la Belgique. C'est pourtant ce qu'ils firent, parvenant d'une part à briser l'offensive française en Lorraine, et d'autre part à remporter la bataille des frontières et à poursuivre à marches forcées leur avance vers Paris en descendant la vallée de l'Oise. Or ces défaites, disaient les partisans des deux ans, avaient été la conséquence directe des conceptions qui avaient présidé à l'élaboration de la loi de trois ans.

Sur le premier débat on peut quelquefois soupçonner la gauche — à tort d'ailleurs, surtout en ce qui concerne les socialistes — de se livrer au verbalisme, en revanche, sur le plan militaire, elle était totalement convaincue d'avoir eu raison et ses adversaires ont davantage développé leurs arguments sur les bienfaits des trois ans au mois d'août que le mois suivant !

Un troisième grand thème de polémique concerna la question de la place de l'Eglise dans la société et, en contrepoint, celle du régime lui-même.

Les catholiques avaient constaté, avec enthousiasme et espérance, que la déclaration de guerre avait provoqué un retour considérable vers les autels. Dans des régions peu chrétiennes, on avait vu des foules se précipiter vers les processions et remplir les Eglises. Quant au nombre de communiants il avait également augmenté dans des proportions considérables. Réel pour les populations civiles ou pour les mobilisés avant leur embarquement dans les trains qui les menaient vers le front, le phénomène semblait être tout aussi important dans les unités militaires où la fréquentation des messes dominicales improvisées était impressionnante. Il est difficile de dire quelle a été l'importance véritable de ce retour vers la foi. Si, quand la presse catholique en faisait presque un raz de marée, elle exagérait, il n'y a pas de doute néanmoins qu'il fut considérable. Il est vrai que, par la suite, il eut tendance à s'atténuer. Il n'en montrait pas moins que face à une grande catastrophe, tout naturellement, les foules se tournaient vers la religion. Certains, et pas seulement les anticléricaux, avaient beau ironiser sur cette foi intéressée, cette foi de sauvegarde, l'Eglise faisait néanmoins la démonstration de ce qu'était sa place réelle dans la société et pouvait exiger que cette place lui soit reconnue : en particulier que les pouvoirs publics ne lui manifestent plus leur ostracisme, et qu'ils acceptent, comme dans les autres pays, de participer aux cérémonies religieuses et de se placer sous la sauvegarde divine.

En même temps, l'Eglise souhaitait, pour l'avenir, qu'on veuille bien tenir compte du patriotisme dont elle faisait preuve. Patriotisme qui s'était manifesté par le retour en France de nombreux religieux exilés à la suite de la dissolution des congrégations et venus remplir leurs obligations militaires, par le zèle dans la distribution de médailles pieuses aux soldats dans les trains et aux blessés dans les hôpitaux. A vrai dire, malgré le dévouement des religieuses, ce zèle ne devait pas manquer de provoquer rapidement des protestations contre une présence trop insistante. De même la tentative d'implanter des chapelles dans les établissements d'enseignement transformés en hôpitaux provisoires, et d'une façon plus générale les pressions sur les pouvoirs publics, étaient vues comme une tentative de mise en cause de la laïcité, un des traits fondamentaux de la République.

De sorte que, quelle qu'ait été la vivacité des débats sur les autres questions, c'est encore autour de la question religieuse que les oppositions les plus fortes se firent jour. Car si, d'un côté, les catholiques étaient sincèrement indignés que dans pareilles circonstances on se refuse à faire officiellement appel à l'aide de Dieu, les laïques ne l'étaient pas moins devant ce qu'ils considéraient comme une tentative de profiter de la situation pour remettre en cause les principes de l'Etat, et ils restaient très soupçonneux envers de possibles collusions entre le pouvoir militaire et le pouvoir religieux contre le pouvoir civil. Les préfets, souvent radicaux ou dans la mouvance radicale, surveillaient avec soin ces tentatives ou ces tentations. D'autant que la presse de droite de son côté n'hésitait pas à mettre en cause l'ensemble de l'administration républicaine à l'occasion de la défaillance de tel ou tel fonctionnaire.

Certains catholiques d'ailleurs ne faisaient rien pour apaiser les esprits, en rallumant l'atmosphère des guerres de religion et en soupçonnant les protestants français d'être favorables à l'Allemagne, puissance protestante, d'où les polémiques un peu puériles sur le nombre de catholiques, de protestants, d'orthodoxes de chaque camp. Les protestants en étaient d'autant plus outragés qu'ils n'avaient pas été les derniers à se féliciter du mouvement de retour à la foi.

A lire la presse de l'époque, la nature de l'union sacrée apparaît donc clairement : même s'il était de bonne guerre de reprocher aux polémistes de ne pas être fidèles à l'esprit de l'union sacrée, il n'était question pour personne d'abandonner les positions défendues quelques jours ou quelques semaines plus tôt. La réalité de l'union sacrée était donc seulement dans la volonté commune et générale de concourir à la défense nationale.

Il n'en était pas moins vrai que, pour les membres de la communauté nationale, le fait d'avoir eu l'occasion de lutter ensemble, pour un but commun, même si chacun ne donnait pas tout à fait le même sens à ce combat, ne pouvait manquer de déboucher consciemment, ou encore davantage inconsciemment, sur un renforcement du consensus national. Il n'était pas possible que ceux qui auraient lutté au coude à coude puissent demain se considérer comme des ennemis à abattre et que ne se soit pas développée entre eux une solidarité qui devrait empêcher certains excès. En bref, que la nation n'en ressorte pas consolidée.

La consolidation de la nation

La réalisation de l'union sacrée telle que nous l'avons décrite jusqu'ici ressortit d'abord du domaine verbal, mais le renforcement du consensus devait se traduire autrement par la suite. Tout naturellement dans un pays en guerre, l'armée qui rassemblait la presque totalité des hommes jeunes de toutes classes et de toutes régions devait en être le meilleur observatoire.

Toute réflexion sur les Français pendant la Première Guerre mondiale ne peut manquer d'aboutir rapidement à une interrogation majeure. Pourquoi des soldats partis pour quelques semaines de combats ont-ils pu accepter les pertes effroyables, les souffrances infinies de quatre années d'une guerre aux conditions inconnues jusque-là ? Comment ont-il pu supporter la vie des tranchées où se combinaient les effets des intempéries, de la mauvaise nourriture, des conditions matérielles souvent très pénibles, du danger constant, des bombardements d'artillerie dont l'intensité et la longueur ne cessèrent de se renforcer, soumettant les combattants à des tensions nerveuses qui en conduisirent plus d'un à la folie ?

Pendant la guerre elle-même la réponse à cette question fut souvent engloutie dans le « bourrage de crâne », et dans la description quelquefois ridicule, à force d'excès, d'un héroïsme permanent. A l'usage de l'arrière, cette littérature, souvent consternante, ne risquait pas de tromper les soldats qui, eux, vivaient la guerre, encore qu'il leur arrivait de participer au « bourrage de crâne », ne serait-ce que pour dire ce qu'on attendait qu'ils disent. Ils n'étaient pas d'ailleurs insensibles à l'héroïsme de certains moments.

Après la guerre on eut tendance par réaction à noyer le problème d'une autre façon : si l'on concédait qu'au début le soldat avait agi par patriotisme, rapidement il serait devenu un soldat par habitude. On était soldat comme on était cantonnier en quelque sorte, et pour les quelques-uns qui auraient voulu échapper à leur « devoir », il y avait les conseils de guerre...

Cette seconde explication comporte le défaut de ne pas dire pourquoi le comportement des soldats n'a pas été le même dans tous les pays, pourquoi à certains moments en Italie, en Russie, l'armée a cessé d'accepter de combattre.

L'histoire récente ne pouvait manquer à son tour de chercher les raisons de l'attitude des soldats et de les chercher dans *« la nature et la force des relations nouées »* (Stéphane Audoin-Rouzeau) avec la collectivité nationale à laquelle ils appartenaient. Mais pour atteindre en quelque sorte la conscience des soldats, il fallait utiliser ce qui avait été assez peu fait jusque-là, leurs écrits directs pendant la guerre, correspondance, journaux de tranchées...[2].

Que la patience des soldats à supporter l'épreuve ait pu prendre l'apparence de la résignation à l'inévitable, certes. Ces soldats ne sont pas pour autant devenus des « guerriers ». Même quand ils furent d'excellents combattants, ils sont profondément restés des civils. Constatation particulièrement vraie pour les paysans qui constituaient la majorité de l'armée combattante et en particulier de l'infanterie, donc de sa fraction la plus exposée. Beaucoup de ces soldats-paysans souffraient d'ailleurs moins que leurs camarades des villes des conditions matérielles. Dans leur vie de tous les jours ils étaient déjà exposés à toutes les intempéries et les conditions matérielles dans les campagnes du début du siècle n'étaient pas très confortables. Beaucoup plus que vers l'ennemi, leurs pensées étaient tournées vers leurs exploitations. Leur correspondance reflète ce souci permanent, et du front ils ne manquent point de conseiller leurs femmes sur ce qu'elles ont à faire. Ces conseils pouvaient aller jusqu'à fixer au jour le jour le travail à accomplir. Ce qui rassérénait ces paysans, c'était de recevoir des bonnes nouvelles de leurs récoltes, ce qui les désespérait, des mauvaises. D'ailleurs, là où les hasards de la guerre les menaient, ils s'intéressaient également de très près à la vie agricole, aux conditions différentes de celles qu'ils connaissaient chez eux. Il s'était donc réalisé une imbrication étonnante entre la vie du front et la vie des campagnes, imbrication facilitée par les permissions où les soldats constataient en général que le travail de la terre continuait à peu près comme avant, mis à part des problèmes du moment comme celui du manque de main-d'œuvre.

Il n'en était pas tout à fait de même de leurs camarades des villes qui, eux, au contraire, constataient souvent avec amertume que l'arrière semblait un peu les oublier, que très vite les habitudes avaient été reprises, que l'on pouvait s'amuser quand eux souffraient tant. D'où des rapports de haine-fascination pour cet arrière qui leur semblait ne pas faire son *devoir* autant qu'eux. Ils avaient d'ailleurs tendance à minimiser les efforts des civils et dans certains cas leurs très graves difficultés.

Mais le grand mot est lancé : qu'il s'agisse des paysans ou des citadins, ils ont conscience de faire leur *devoir*. Ils ne l'expriment pas à longueur de temps, ils en occupent même beaucoup plus à se plaindre, mais c'est bien là où s'est trouvé le consensus fondamental. Ils sont là pour défendre leur patrie, ils sont là pour vaincre. Cette certitude tranquille de la victoire, alors qu'au fond, pendant très longtemps, le doute aurait pu s'insinuer, est un des aspects les plus importants de la mentalité des soldats. Cette conviction de la victoire n'était pas véritablement raisonnée : l'ennemi occupait une partie de la France et la possibilité de l'en chasser apparaissait fort aléatoire. D'ailleurs, tous les documents montrent l'intérêt relativement faible porté par les soldats aux opérations militaires prises dans leur ensemble. Ils s'intéressaient, cela va sans dire, à ce qui se passait dans leur secteur puisqu'ils y étaient directement mêlés, mais guère à ce qui se passait ailleurs. Leur conviction relève plus de leur inconscient que d'une analyse de la situation.

Ce sentiment profond de la liaison avec la communauté nationale se traduit également — contrairement à ce qui a été quelquefois dit — par l'hostilité envers l'adversaire. Il est vrai que l'attitude des soldats de ce point de vue est fort différente du chauvinisme de certains journaux : ils ne méprisent pas leurs adversaires, ils respectent leurs qualités de combattants, ils les redoutent, mais l'ennemi n'a jamais cessé d'être l'ennemi. De ce point de vue les « arrangements » qui eurent lieu à quelques occasions de part et d'autre de la ligne de front, et qu'on a voulu présenter comme des scènes de fraternisation, n'y ont rien changé. Souhaiter être tranquille pendant un moment dans son secteur ou échanger quelques victuailles ne modifiait pas le fond des choses.

La patience et le sens du devoir des soldats ont évidemment subi des fluctuations au cours des années. Il y a eu des hauts et des bas, et même des moments de révolte — et nous serons amenés à en reparler —, mais pour l'essentiel ils ont été les traits dominants qui ont permis de tenir pendant quatre années. Plus peut-être que certains aspects quelquefois artificiels de l'union sacrée, la solidité de l'armée a été le révélateur de la robustesse de la communauté nationale. Elle n'a pas été le résultat d'une sorte d'embrigadement momentané des esprits, d'une sorte d'intoxication par la propagande, elle a été tout simplement le résultat d'une profonde maturation de ce sentiment national au cours des âges, et ce fut peut-être la plus grande surprise de cette guerre que ce peuple si désuni en apparence, ait été si profondément solidaire dans l'épreuve.

La réintégration des exclus

L'unité de la société d'un pays est tributaire dans une large mesure de l'intégration de ses différentes composantes. Dans la société française de 1914, société d'hommes, de tradition rurale et laïque, trois groupes pouvaient se sentir exclus, l'Eglise, les femmes, les ouvriers. Ces exclusions étaient relatives, mais il n'y a pas de doute que, sur le plan mental, le sentiment d'exclusion pouvait exister, avec d'importantes variations de région à région. Pour ne prendre qu'un exemple, dans bien des villages de l'ouest, c'était plutôt l'instituteur qui risquait de se sentir exclu...

L'Eglise réintégrée dans la nation

En août 1914, les églises pleines de soldats partant au front et demandant à communier, ainsi que cette formule, dans la bouche de Poincaré, de *« foi patriotique »*, soulignent le retour de l'Eglise catholique, grâce à la belle unanimité de l'union dite « sacrée ». Malgré l'anticléricalisme et les luttes amères du passé récent, tous semblaient désormais désirer ne vivre que pour un idéal : la France, que pour un objectif : la victoire de la République.

Cette réintégration de l'Eglise se mesure quantitativement. On peut suivre l'idéologie des chrétiens et son importance dans la lutte. On peut aussi se demander quelle a été l'efficacité du christianisme dans *« l'armature du patriotisme »*. Le 15 août 1914, *La Revue du Clergé Français* fixe ce que sera tout au long de la guerre la vision catholique du combat : *« La France ne peut périr : elle manquerait au monde dont elle est l'exquise parure, à l'Eglise dont elle est l'infatigable apôtre, à Dieu dont elle est le généreux chevalier »*.

Apôtres et chevaliers, telles vont être les deux attitudes des catholiques français, et en particulier du clergé, à l'arrière et au front.

A l'arrière, le retour aux autels a lieu principalement

au moment de la mobilisation, pour les hommes qui partent comme pour les femmes (les hommes non mobilisés semblent peu touchés par ce mouvement). Les soldats font provision de médailles, scapulaires, chapelets. A Orcival, beaucoup laissent leur photographie devant une statue miraculeuse. On brûle des cierges. Est-ce un « contrat passé avec Dieu », ou une recrudescence de superstition plutôt que de foi en période de très grand danger ? Au front les hommes retrouvent les 25 000 prêtres mobilisés, le clergé français — comme celui de l'Italie — ne bénéficiant pas de l'exemption militaire. Seule une minorité d'entre eux forme l'aumônerie militaire : l'essentiel se bat et d'aucuns deviendront même officiers. L'interdiction canonique du port des armes a évidemment été levée. Plus de la moitié des prêtres mobilisés connut non pas la spécificité d'une fonction pastorale ou médicale, mais la dure loi de la guerre. Le retour de certains réguliers en France a particulièrement frappé les esprits : de Palestine, d'Afrique Noire, ces anciens expulsés tiennent à venir faire leur devoir patriotique. A Grenoble, on reçoit les Chartreux en triomphe : *« Vive Dieu ! »*

Au début de la guerre, les hommes suivent nombreux les offices célébrés au front, comme en témoigne cette lettre de soldat : *« Je vois, ma petite femme, que tu as l'air de me chiner, à cause que je suis allé à la messe. Tu trouves que j'ai bien changé. C'est que tu ne peux pas te faire une idée de cette terrible guerre... Je demande à Dieu de me protéger pour que je ne vienne pas à te manquer... »*

L'abbé Brugerette n'hésite pas à parler de « revival religieux », expression jusque-là réservée aux affres spécifiques du monde anglo-saxon. Ce réveil à Dieu, qui se manifeste aussi à l'arrière par le grand nombre des pèlerinages, par la multiplication des miracles, par la certitude que Satan rôde dans le camp adverse, a été canalisé par l'Eglise pour que cette ferveur se maintienne dans l'orthodoxie à la fois catholique et française. Lors des processions, on montre les reliques des saints liés à l'histoire de France : ste Geneviève, st Louis, st Denis, ste Clotilde, st Rémy, st Vincent de Paul et la bienheureuse Jeanne d'Arc, dont le chantre, Charles Péguy, mort au front dès septembre 1914, ne verra pas la canonisation qui n'aura lieu qu'en 1920.

« Une petite croix sur mon képi... Le Christ est mon emblème... Le Christ aime les Francs, marcher avec lui, c'est marcher aussi pour la France » (Abbé G. Anselin).

Dans la dureté des combats, dans l'inhumanité de la mort, l'Eglise continue à annoncer la bonne parole, assure que le Christ a montré le chemin. La France chrétienne sera sauvée par des soldats chrétiens. La Passion devient une métaphore de la souffrance rédemptrice des hommes. Se battant sur la colline de Lorette, Pasteur Vallery-Radot, jeune médecin militaire, proclame sa foi intense, qui arme son patriotisme : *« Terres où s'est abattue la guerre, terres sacrées »*. Dans leurs sermons sur le thème le plus cruel, la mort des êtres aimés à la guerre, les prêtres insistent sur l'exemplarité du martyre. *« Nos morts sont des vivants qui agissent. »* Les mères sont la Vierge, la Pietà, et leur fils le Christ descendu de la croix, thème que l'on retrouvera sur de nombreux monuments aux morts : *« Stabat Mater Dolorosa. »* La famille est sanctifiée et soudée autour de la mort, sacrifice chrétien. La prière est une arme nécessaire, les dévotions particulières, comme celles du Sacré Cœur, sont développées avec emphase. Evêques et prêtres ne relâchent jamais leurs efforts, ni au front, ni à l'arrière.

Cette intense activité de l'Eglise catholique s'est révélée efficace. Au niveau personnel, la consolation ne se mesure pas, mais il est sûr que la force intérieure donnée aux combattants ou à leur famille par le message chrétien n'a pas été négligeable dans l'effort de guerre et l'acceptation de la douleur. *« J'ai double force car je suis catholique et français. » (La Croix).* Le dévouement du clergé auprès des blessés, celui des religieuses, la mise à la disposition de l'armée des séminaires pour qu'elle les utilise comme hôpitaux, ne sont pas passés inaperçus. A tel point que certains anticléricaux n'y ont vu qu'une manœuvre de l'Eglise pour rétablir son pouvoir sur la Nation.

L'Eglise a aussi joué un rôle non négligeable dans l'effort financier demandé aux Français. *« Donnez joyeusement votre or, Dieu aime le don joyeux. »*

Dans les écoles religieuses, ou au catéchisme, on entraîne les enfants au patriotisme, et cette campagne culminera dans la Croisade des enfants de 1915. Le sens de la charité catholique, l'habitude du devoir de secours, deviennent des institutions nationales. Et les autorités ne peuvent que se réjouir de ce concours massif à l'effort de guerre d'une puissance autrefois hostile à la République.

« Toi mère et toi, ma sœur Marie
Pour moi récitez un Ave
Allons enfants de la patrie
Le jour de gloire est arrivé »

16 août 1914
Lucie Delarue-Mardrus.

La réintégration des femmes

Il suffit de regarder une photographie d'une réunion publique avant la guerre de 1914 — totalement masculine — pour prendre conscience de la place des femmes dans la vie sociale. Ne serait-ce que parce qu'elles ne possédaient pas le droit de vote, elles étaient exclues de la vie civique. La guerre ne risquait-elle pas de renforcer le caractère masculin de la société ? La guerre, c'était les hommes qui la faisaient...

Dans un apparent paradoxe, c'est le contraire qui se produisit. Dans les premiers temps, quand on croyait encore que la guerre serait courte, la question ne se posa pas. Le moratoire sur les loyers, ainsi que l'attribution d'une petite allocation aux femmes et aux enfants des mobilisés, permit d'éviter que les familles des combattants soient plongées dans la misère, mais très rapidement les choses allaient se présenter autrement. Dès le 7 août le président du Conseil, René Viviani, en avait d'ailleurs appelé aux *« femmes françaises »* pour qu'elles assurent la fin des récoltes et préparent celles de l'année suivante. Malgré la sollicitude et l'autorité dont faisaient preuve, comme nous l'avons vu, leurs maris mobilisés, les femmes durent véritablement prendre la responsabilité des exploitations. Les deux premières années furent dures et certaines abandonnèrent. Mais, à partir de 1916-1917 les prix commencèrent à grimper, et les agriculteurs eurent l'impression d'un enrichissement tout à fait important. Aidées par les circonstances, les femmes montrèrent qu'elles étaient capables de suppléer leurs maris. La guerre terminée, beaucoup de veuves de guerre durent continuer l'exploitation.

Dans les villes, la vie économique avait commencé par s'arrêter presque complètement et dans ce pays privé d'une grande partie de sa main-d'œuvre mobilisée, la main-d'œuvre restante s'était paradoxalement retrouvée au chômage. Mais bientôt dans cette guerre « d'artillerie », l'armée eut besoin de canons et de munitions dans des quantités imprévues, inimaginables quelques semaines plus tôt. La préparation de la bataille de la Malmaison en octobre 1917, une opération relativement limitée, exigea 300 trains de munitions ! Dans ces conditions le principal problème du gouvernement consistait à mettre sur pied l'industrie de guerre nécessaire, en tenant compte de l'occupation par l'adversaire de quelques-unes des régions industrielles les plus importantes. Comment trouver la main-d'œuvre nécessaire ? Le rappel d'une partie des ouvriers du front, l'appel à la main-d'œuvre coloniale et étrangère furent insuffisants. De novembre 1915 datent les premières circulaires ministérielles invitant les industriels à faire appel à la main-d'œuvre féminine et des bureaux d'embauche étaient ouverts à Paris et en province.

Les documents d'époque nous montrent les femmes remplaçant les hommes dans de nombreuses activités, des femmes conduisant les tramways, des femmes livrant des sacs de charbon et montant les escaliers ainsi lourdement chargées, mais le plus important fut leur entrée massive dans l'industrie, et tout particulièrement dans l'industrie de guerre. Quelquefois appelées les *munitionnettes*[3] parce qu'elles étaient particulièrement nombreuses dans la fabrication des obus, des cartouches, des grenades..., on les trouva en plus ou moins grand nombre dans tous les secteurs de l'industrie métallurgique. En 1918, il y avait dans l'armement 430 000 femmes. Le pourcentage de main-d'œuvre féminine fut très différent suivant les entreprises : 60 % du personnel chez Citroën contre 20 % seulement chez Renault. Cependant elles furent nombreuses aussi bien dans la Seine que dans toute une série de régions ou de centres industriels de province où l'implantation d'usines de guerre avait accru considérablement la population : dans le bassin de la Loire, à Bourges, à Toulouse... Les conditions de logement souvent improvisées pouvaient être tout à fait précaires, le travail dur, mais sauf dans les emplois de force pure, il n'y avait guère de postes de travail où des femmes n'aient travaillé à l'instar des hommes.

Pendant la guerre le travail des femmes qui permettait la continuation de la lutte fut exalté, ce qui ne signifiait pas que toutes les réticences aient été effacées. Dans les milieux syndicaux, par exemple, on craignait la concurrence pour plus tard.

Et de fait, la guerre terminée, les femmes furent rudement renvoyées à leurs fourneaux. Il était cependant inévitable que, quelles que soient les réactions immédiates, cette prise en mains momentanée de l'agriculture par les femmes, cette intervention dans les secteurs les plus masculins de l'industrie, le fait que tant de femmes aient été contraintes d'élever leurs enfants seules, que tant d'autres se soient distinguées dans l'organisation de la solidarité nationale et aient manifesté leur dévouement dans celui des services de santé, influent sur la conscience française et contribuent — au moins à terme — à faire sortir les femmes de leur rôle de mineures, les intégrant dans la vie de la cité.

Mais dans l'immédiat, comme le fait remarquer Michelle Perrot, le travail qu'elles ont accompli pendant cette période n'a pas *« altéré le rôle traditionnel des femmes »,* car ce travail a été un travail de

« doublure », de *« remplaçante »* du travail masculin[4], il n'est pas apparu comme une activité « normale » de la femme.

L'intégration du monde ouvrier

Il n'était pas vrai que les ouvriers n'avaient pas de patrie, ils le montrèrent d'ailleurs au moment de la mobilisation. Toutefois, pour deux raisons au moins, les ouvriers pouvaient se sentir dans une certaine mesure « hors de la cité ». En raison d'abord de leur relatif petit nombre. Autant qu'on le sache, il y avait en France à la veille de la guerre, 4 500 000 ouvriers, ce qui apparemment n'était pas négligeable, d'autant qu'on peut considérer qu'ils faisaient vivre environ 35 % de la population[5]. Mais d'un côté une part notable de ces ouvriers étaient étrangers, de l'autre le monde ouvrier était infiniment plus réduit que dans les pays voisins. En Allemagne, on estime que 67 à 68 % de la population appartenait au prolétariat par son niveau de vie[6]. En 1911, sur une population active de 19 millions de personnes, 15 millions étaient des manuels dans le Royaume-Uni[7]. Cela se traduisait pour les ouvriers français par des organisations syndicales très réduites par rapport à celles des pays voisins, par des protections sociales beaucoup moins fortes, par des salaires plus faibles. On comprend que même si le sentiment d'être à côté de la nation n'était pas inexistant en Allemagne et en Angleterre, il était évidemment beaucoup plus marqué en France. En dehors même des questions de nombre, la France restait un pays « rural », aux valeurs

« rurales ». Près de cinquante ans plus tard la commune rurale sera encore la commune-type dans les manuels d'instruction civique des jeunes lycéens... Ne serait-ce donc que pour des raisons de fait et des raisons psychologiques, les ouvriers pouvaient avoir facilement conscience de ne pas vraiment appartenir à une nation qui ne s'était pas constituée par eux, ils étaient en quelque sorte venus après:

La deuxième raison était de caractère idéologique : la CGT, si on accepte de considérer qu'avec ses effectifs réduits, peut-être 300 000 membres, elle ait représenté le monde ouvrier, n'avait cessé pendant l'avant-guerre de proclamer son anti-patriotisme.

La guerre allait-elle intégrer le monde ouvrier dans la nation ?

Guerre souvent de paysans au niveau des combattants, elle fut en même temps la première guerre industrielle. Le vainqueur devait être celui qui serait capable de déverser sur l'adversaire une plus grande quantité d'obus, donc de les fabriquer, ainsi que les canons et les équipements de toutes sortes. Très rapidement, avant que l'on envisage la place qu'une aviation naissante allait prendre et que l'on imagine les chars d'assaut, dans les deux camps on se rendit compte qu'on utilisait des quantités de matériel et de munitions à un rythme tel que les arsenaux seraient bientôt vides. Personne n'avait pu imaginer que la consommation atteindrait des niveaux semblables. Aussi, si dans un premier temps la mobilisation avait arrêté net l'activité économique, très vite il fallut non seulement relancer la machine industrielle, mais faire en sorte qu'elle soit bien plus productive qu'avant le conflit, surtout en France où une partie des plus importantes régions industrielles avait été occupée par l'adversaire dès les premiers jours. Ce fut en effet *le 20 septembre 1914* que

Millerand, le nouveau ministre de la Guerre, réunit à Bordeaux un certain nombre d'industriels pour leur annoncer que la consommation d'obus était tellement imprévue que, dans un mois, il n'y aurait plus que deux cents coups par pièce de 75[8]. L'objectif alors fixé fut d'une production de 100 000 obus par jour. Pour cela toutes les entreprises qui étaient en état de participer furent enrôlées[9] : André Citroën par exemple obtenait une commande d'un million d'obus de 75 en janvier 1915. L'Etat versait des avances pour permettre aux industriels de s'équiper, de construire de nouvelles usines... Cela permit d'atteindre l'objectif fixé pendant l'été 1915. Bien entendu, il avait fallu en même temps augmenter dans des proportions considérables la production de canons, de mitrailleuses, de fusils, que ce soit le fait des manufactures d'Etat dont le personnel augmentait très vite, ou celui des entreprises privées. Malgré une efficacité qu'on n'aurait guère attendue de l'industrie française, la production restait toujours insuffisante pour répondre à la demande qui ne cessait de croître. Surpris par la forme prise par la lutte, les Etats-Majors ne voyaient d'autre réponse possible, en attendant la reprise de la guerre de mouvement, qu'un emploi toujours plus massif de projectiles. La conséquence était évidemment des besoins croissants en main-d'œuvre. Pour ne prendre qu'un exemple, la poudrerie de Toulouse qui employait 100 ouvriers avant la guerre, en occupe 4 000 dès juin 1915, 20 000 en juin 1917 et 30 000 au moment de l'armistice de 1918 ![10]

Où trouver cette main-d'œuvre ? Tout naturellement les industriels réclamèrent qu'on commence par leur rendre leurs ouvriers mobilisés. On conçoit l'importance du choix. Il impliquait qu'un ouvrier était plus important à son poste de travail qu'au combat. A la fin de 1915, c'était environ 500 000 ouvriers qui avaient été envoyés dans les usines d'armement. Ils n'étaient pas démobilisés pour autant, mais retrouvaient une activité civile. En fait les industriels n'étaient pas satisfaits, ils auraient voulu encore plus d'hommes, mais l'armée considéra qu'elle ne pouvait aller plus loin sauf à s'affaiblir dangereusement. Il fallut se tourner vers d'autres sources de main-d'œuvre, les femmes comme nous l'avons vu, les coloniaux, les étrangers, les prisonniers... Au moment de l'armistice, dans la seule industrie d'armement, il y avait 1 700 000 ouvriers, 497 000 militaires, 430 000 femmes, 425 000 ouvriers civils, 133 000 jeunes hommes de moins de 18 ans, 108 000 étrangers, 61 000 coloniaux et 40 000 prisonniers de guerre...

La conséquence évidente était que des ouvriers dont on avait un tel besoin pour sauver la nation, ne pouvaient plus être considérés comme hors de la nation et, corollairement, eux-mêmes ne pouvaient plus se considérer comme tels. Le besoin qu'on avait d'eux leur créait en quelque sorte des droits, et, peut-être plus encore, entraînait un changement des mentalités. Dans un pays défendu par son industrie, le thème de la tradition rurale risquait fort d'être ébréché.

Dans un pays comme la France, il était impossible que ce phénomène ne se traduise pas sur le plan de l'idéologie, et le chantre de cette idéologie nouvelle fut Albert Thomas.

Albert Thomas, député socialiste, sous-secrétaire d'Etat à l'artillerie et à l'équipement militaire le 18 mai 1915, nommé ministre de l'Armement et des fabrications de guerre dans le gouvernement Briand du 12 décembre 1916, conserva ces fonctions jusqu'à ce que les socialistes ne participent plus aux gouvernements à partir du 12 septembre 1917 (gouvernement Painlevé).

Pour Albert Thomas, la mobilisation industrielle, telle qu'il l'avait réalisée, s'inscrivait dans la droite ligne de *« l'économie organisée »* qu'il avait préconisée dès l'avant-guerre, une sorte de fusion entre une économie capitaliste de plus en plus concentrée et l'Etat qui réaliserait un certain nombre de nationalisations. Cette *« économie collective »* devait permettre de mieux coordonner la production, et loin d'être cantonnée à la période de la guerre, pourrait se poursuivre une fois la paix rétablie. Albert Thomas pensait à une combinaison entre l'impulsion de l'Etat et l'initiative privée : *« Cette guerre d'industrie, qui demande à la France un effort prodigieux, peut être pour elle le point de départ d'un véritable renouvellement »*, écrivait-il dans ses notes personnelles retrouvées par Gerd Hardach.

Il exposa son point de vue dans un grand discours prononcé devant le personnel des usines du Creusot (direction et ouvriers) en avril 1916 :

« Hier, pendant la paix, les industriels multipliaient les reproches à l'égard de l'Etat ; hier ils s'en allaient isolés, de droite, de gauche, à l'aventure, au hasard de la concurrence. Aujourd'hui ils ont discipliné leurs efforts ; ils ont répondu à l'appel de la nation, ils ont permis cette organisation d'ensemble que les plus audacieux d'entre nous n'avaient pas osé rêver. Il s'est formé dans l'industrie comme une organisation supérieure d'Etat qui a su coordonner toutes les initiatives, sans en étouffer aucune (...). Entre les industriels, hier, c'était la concurrence, au moins l'absence d'union, parfois la lutte. (...) Tout cela s'est trouvé réglé par la volonté commune, pendant le temps de guerre. »

Cette mise en place à la faveur de la guerre, d'un nouveau système économique, ne pouvait se faire sans que les ouvriers y prennent leur place. Son argumentation était classique car il expliquait que pour que les ouvriers, *« ses camarades »*, puissent faire valoir leurs revendications sociales après le conflit, il fallait qu'ils aient pris toute leur place dans le salut de la patrie. Elle était également contradictoire, car, n'osant probablement pas encore prêcher une harmonie sociale correspondant à l'harmonie économique qu'il appelait et qu'il était convaincu de constituer dans le cadre de l'économie de guerre, une collaboration de classe en quelque sorte, Albert Thomas affirmait qu'il n'oubliait pas la *« lutte des classes »*, mais que les ouvriers seraient *« d'autant plus forts pour parler après la guerre qu'ils auront été plus utiles à la défense nationale pendant la guerre »*. D'ailleurs, ajoutait-il, *« c'est le parti socialiste qui, après la victoire, organisera la société de demain »*[11].

La contradiction était en fait plus apparente que réelle, ou tout au moins tenait plus aux nécessités du « discours » qu'à la réalité des choses. Albert Thomas, pendant les trois ans où il a dirigé l'industrie de guerre, *« a cru voir surgir la possibilité concrète d'intégrer la classe ouvrière à la nation »*[12]. Il a d'ailleurs été à l'origine d'une série de mesures qui permettaient d'engager les ouvriers dans cette voie nouvelle. La plus importante fut la procédure de conciliation et d'arbitrage instituée par le décret du 17 janvier 1917[13]. Cette procédure avait pour but de permettre d'éviter les conflits du travail ou tout au moins d'instaurer une discussion préalable à l'éclatement d'une grève. Elle concernait autant les patrons qui, sans cette procédure, ne pouvaient rompre un contrat de travail, que les ouvriers qui ne pouvaient déclencher une grève. Dans chaque région ou département un comité d'arbitrage fut ainsi constitué, à qui devaient être soumis les différends éventuels. Mais cette première réforme en entraînait presque obligatoirement une autre : il fallait que, dans chaque usine, les ouvriers puissent être représentés pour que cette procédure fonctionne. Il existait déjà souvent des « délégués » ; toutefois, par une circulaire du 5 février 1917, Albert Thomas suggérait aux patrons d'étendre et d'officialiser cette institution afin qu'ils aient les interlocuteurs indispensables. Dans l'esprit d'Albert Thomas, il n'y avait pas contradiction entre les délégués d'ateliers et les syndicats. Les syndicats étaient dans leur rôle en soutenant des candidats lors des élections de ces délégués, mais leur action n'était pas la même. L'avenir allait montrer combien la pensée d'Albert Thomas était neuve et réaliste, mais, dans l'immédiat, elle rompait de façon très nette avec la pratique du combat social. Albert Thomas est dans une large mesure le père du « réformisme socialiste » en France par opposition à la conception révolutionnaire qui était celle à la fois de la SFIO et du syndicalisme révolutionnaire d'avant-guerre. En effet la mise en œuvre de ses idées signifiait le renoncement à abattre par la force la société et la volonté de l'aménager afin que chacun y trouve sa place.

Toutefois pour que le réformisme puisse prendre une place importante dans le mouvement ouvrier français, la pensée et l'action d'un ministre, même socialiste, n'auraient pas été suffisantes. Encore fallait-il qu'elles aillent à la rencontre d'un courant dont la guerre avait permis l'éclosion.

Un organisme bien oublié par la suite a joué un rôle non négligeable dans cette diffusion d'une pratique nouvelle de l'action sociale.

A l'initiative de la CGT, au début du mois de septembre 1914, une « commission d'action » bientôt appelée *« Comité d'action »* fut constituée. Elle comprenait des socialistes et des syndicalistes et son but était de *« resserrer les liens entre les militants et les organisations »*, afin d'être le plus efficace possible dans le concours à donner aux pouvoirs publics pour trouver des solutions aux questions qui intéressaient les populations ouvrières : ravitaillement, chômage, soupes populaires, allocations... Divisé en un certain nombre de sous-commissions, cet organisme joua un rôle considérable dans les premières semaines de la guerre, servant en quelque sorte d'intermédiaire entre les autorités et les milieux populaires pour tout ce qui concernait les problèmes économiques et sociaux de la région parisienne. L'action du Comité d'action ne se limita pas au début de la guerre, il devait continuer d'exister pendant la plus grande partie du conflit. Elargi à des représentants de la Fédération nationale des coopératives, le Comité d'action se préoccupa principalement d'après John Horne[14] de quatre types de problèmes : les troubles physiques et psychologiques subis par les individus, l'augmentation rapide des prix, le dispositif insuffisant de protection sociale, le chômage, questions qui, suivant les périodes de la guerre, eurent évidemment plus ou moins d'importance.

Le Comité d'action s'intéressa aussi aux problèmes concrets que poserait l'après-guerre. Partant des problèmes soulevés par l'éventuelle reconstruction du nord-est de la France et suggérant que les nécessités de cette reconstruction permettent d'éliminer les fléaux sociaux de la région industrielle du Nord, tout en aidant au redémarrage économique de la France, le Comité d'action étendit sa réflexion à l'ensemble de l'activité économique de la France et des réformes tant économiques que sociales qui seraient opportunes. Le Comité d'action ne se plaçait pas dans le cadre d'un bouleversement de la société, mais dans celui du système économique capitaliste. Les idées du Comité d'action ne provoquèrent pas très longtemps l'intérêt du parti socialiste, en revanche le plan de la CGT pour l'après-guerre s'en inspira fortement. Par le truchement du Comité d'action, l'idée réformiste s'était enracinée dans le mouvement ouvrier français.

Les conséquences de l'existence de ce comité sont considérables : avant la guerre le parti socialiste et la CGT étaient non seulement séparés, mais fortement opposés. Le mouvement syndical révolutionnaire avait beaucoup de méfiance envers un parti socialiste intégré au jeu parlementaire. D'ailleurs la « charte d'Amiens », bible du syndicalisme français, interdisait les rapports entre syndicalisme et formations politiques. Non seulement cette interdiction avait été transgressée, mais le Comité d'action avait favorisé le passage des dirigeants syndicaux de la majorité de la CGT autour de Léon Jouhaux, d'un comportement violemment révolutionnaire à une attitude d'intégration à la société par le biais des réformes. Certes le syndicalisme révolutionnaire était en crise avant même la guerre, mais il avait fallu la guerre pour que de cette crise sorte une orientation syndicale fort différente. L'événement avait permis que se constitue dans le mouvement ouvrier français un pôle réformiste : c'était une grande nouveauté dont, comme pour les femmes, toutes les implications devaient mettre beaucoup de temps à se réaliser, mais qui était tout à fait significative.

Il serait beaucoup plus difficile de pouvoir évaluer dans quelle mesure les ouvriers ont été influencés, ont suivi ou ont précédé ce mouvement. On peut seulement remarquer que, au moins jusqu'en 1916, le mouvement gréviste est tout à fait réduit. D'après Jean-Louis

Robert[15] le nombre de grévistes pour la région parisienne aurait été de 11 583 pour l'ensemble de 1916. Le monde ouvrier prend sa part de l'union sacrée, il est dans les mêmes dispositions que l'ensemble des autres Français.

La faiblesse numérique du mouvement syndicaliste français par rapport à ses homologues étrangers en 1914 montre la méfiance des ouvriers envers les syndicats, et il n'est pas sûr que le caractère révolutionnaire du syndicalisme n'en ait pas été une des causes. Qu'après la guerre, le courant « réformiste » qui s'était constitué conserve la majorité à la CGT pourrait prouver *a contrario* qu'une partie majoritaire de la classe ouvrière y trouvait ce qu'elle souhaitait.

La guerre a joué sans aucun doute un rôle non négligeable dans l'intégration des ouvriers dans la société française. Ce rôle intégrateur se trouve paradoxalement à l'opposé de ce que certains disaient avant le conflit du potentiel révolutionnaire d'une guerre — tout au moins en ce qui a concerné la société française.

La réintégration des « exclus » a pris des formes diverses, elle a été d'intensité variable : en faisant une meilleure place à l'Eglise, aux femmes, aux ouvriers, la société n'en était pas moins consolidée.

LES ALÉAS DU CONSENSUS

La nation s'était rassemblée pour la défense nationale et la guerre avait favorisé le renforcement de la nation en y intégrant mieux ceux qui pouvaient avoir un sentiment de marginalité ou en les y préparant. Néanmoins sans remettre en cause les aspects fondamentaux du consensus ainsi réalisé, la prolongation de la guerre ne pouvait manquer de faire apparaître des failles dans cette unanimité, de mettre en cause, au moins à terme, certains fondements de la communauté nationale.

La démocratie en question

Dès l'abord la guerre devait affecter le fonctionnement et même les fondements de l'Etat, et poser un problème inévitable, celui *des rapports entre le pouvoir civil et le pouvoir militaire*[1]. Déjà, dans un contexte institutionnel différent, la guerre de 1870 avait montré combien il avait été difficile d'harmoniser les deux pouvoirs quand les circonstances avaient conduit à abandonner la pratique de leur concentration dans les mains du souverain. Avec la République, la question était devenue plus complexe dans la mesure où, même si l'article 3 de la loi du 25 février 1875 indiquait que le président de la République *« disposait de la force armée »,* on voyait mal le président troquer sa tenue habituelle pour l'habit militaire et prendre la direction effective des armées. Au cours des années il avait été souvent question de la façon dont le régime devrait être adapté à l'état de guerre, mais sans qu'on parvienne à établir une doctrine. La dernière fois où il en avait été question, en 1912 après la crise d'Agadir, le gouvernement — le ministre de la Guerre était justement Alexandre Millerand — avait fait admettre qu'il suffirait, le jour venu, de prendre un certain nombre de mesures pratiques sans « nécessairement » porter atteinte aux textes constitutionnels. En réalité tout le monde était bien convaincu qu'il serait difficile d'adapter le régime à une époque de guerre, et la publication en 1913, par le député socialiste Marcel Sembat, d'un ouvrage qui reçut un large écho : *Faites un roi, sinon faites la paix !* avait été une expression vigoureuse de ce sentiment. En théorie, les choses étaient simples, la *« conduite des opérations militaires »* était du domaine du chef de l'armée, et la *« conduite de la guerre »* du domaine du gouvernement. Dans la pratique la différence entre l'une et l'autre n'était pas toujours claire, et en particulier dans les premiers mois de la guerre, seules ont compté véritablement les opérations militaires et donc ceux qui les dirigeaient. Les ministres de la Guerre successifs, Adolphe Messimy jusqu'au 26 août 1914, mais surtout Alexandre Millerand ensuite, ont estimé, d'ailleurs sans ambages, que le gouvernement devait s'effacer devant le commandement. D'un autre côté la propension du général Joffre à tenir compte le moins possible du gouvernement, le départ de ce dernier à Bordeaux et la difficulté des communications, conduisirent également à un véritable dessaisissement de toute autorité du gouvernement en faveur du Haut-Commandement. En fait, pour le général Joffre, le gouvernement n'avait même pas besoin d'être informé. Alors que le ministre de la Guerre couvrait systématiquement le commandant en chef, le président de la République, le président du Conseil, les autres ministres se plaignaient de ne pouvoir même pas obtenir d'informations. On parla bientôt de « dictature » du quartier général. Il ne s'agissait pas en fait pour le général en chef de remettre en cause le régime républicain. Sa théorie était simple : le gouvernement avait le pouvoir de relever le général en chef de son commandement s'il le souhaitait, mais tant qu'il conservait son commandement, il devait disposer d'une totale liberté d'action. Cela se traduisit par la toute-puissance du commandement dans la zone des armées, et largement ailleurs. Les services du quartier général doublaient ceux du ministère. Ils passaient directement des commandes aux industriels, et donc le gouvernement perdit même partiellement son rôle de « fournisseur ». Le quartier général intervenait aussi dans les questions diplomatiques.

Délimiter les pouvoirs du gouvernement et du haut commandement fut, pendant une bonne partie de la guerre, un thème majeur de discorde dans les milieux politiques, d'autant qu'après le retour du gouvernement à Paris et le rappel des Chambres en session le 22 décembre 1915, les récriminations des parlementaires se multiplièrent. En particulier le député radical de l'Aisne, Alphonse Accambray, polytechnicien et ancien officier, tenta à de nombreuses reprises entre 1915 et 1917 de provoquer des débats sur le rôle du haut commandement. Ce fut d'ailleurs en partie à la suite des discussions constantes sur cette question avec son ministre de la Guerre, Millerand, que René Viviani préféra abandonner la direction du gouvernement à Aristide Briand (30 octobre 1915). En même temps Alexandre Millerand quittait le ministère de la Guerre au profit du général Gallieni. Le problème n'en était pas réglé pour autant, sauf que le nouveau ministre de la Guerre, général lui-même, entendait brider le commandant en chef, et que c'était le président du Conseil qui essayait de couvrir le GQG !

L'affaire de Verdun fit éclater la crise : le général Gallieni ayant attiré l'attention du général Joffre sur les insuffisances défensives de la place, ce dernier menaça de démissionner, offusqué que le gouvernement ait reçu des informations en dehors de lui. Ce fut finalement le général Gallieni à qui on refusait une réorganisation du haut commandement qui démissionna (17 mars 1916). La position de Joffre était néanmoins ébranlée. A la suite de la surprise provoquée par l'offensive allemande en direction de Verdun, puis de l'échec de la bataille de la Somme, Aristide Briand le fit nommer maréchal de France, tout en le relevant pratiquement de ses fonctions (fin 1916). Par la suite, sans que pour autant les rapports entre gouvernement et commandement deviennent simples, ils ne mettront plus en cause la nature même du régime, dans la mesure où le pouvoir politique s'était redonné la faculté de changer le commandant en chef. A travers bien des incertitudes, le pouvoir politique l'emportait sur le pouvoir militaire, ce qui apparut clairement avec l'arrivée de Clemenceau au pouvoir.

Deuxième problème pour les gouvernements : *leurs rapports avec le Parlement.* Comment le Parlement pourrait-il en temps de guerre exercer son droit de contrôle sur les gouvernements ? Comment les discussions pourraient-elles avoir lieu à la Chambre des députés ou au Sénat, sans risquer de porter atteinte aux secrets de la défense nationale ? La solution apparut très vite : réunir les Chambres en séances secrètes. Toutefois la mise au point de cette idée fut lente. D'abord considérée comme une formule exceptionnelle, elle devint ensuite d'usage courant et il y eut dix « comités secrets » depuis juin 1916 (avec, à l'ordre du jour, une discussion sur la bataille de Verdun) jusqu'en octobre 1917. Mais le gouvernement Clemenceau ne voulut plus des comités secrets dont d'ailleurs l'opinion publique craignait que ne sortent des indiscrétions. En outre la succession de séances publiques et de séances secrètes n'était pas de nature à renforcer la stabilité des gouvernements et la période des comités secrets fut celle — ce ne fut pas la seule raison — de la plus grande instabilité ministérielle. Finalement le système parlementaire fonctionna à peu près. Un gouvernement, celui de Paul Painlevé, fut d'ailleurs renversé par un vote de la Chambre des députés. Quant à Clemenceau, il put se vanter d'avoir soumis son gouvernement au contrôle du Parlement autant de fois que nécessaire.

Les *libertés publiques*, fondement de la démocratie française, pouvaient-elles être assurées en temps de guerre ? Sans que cela soulève, dans un premier temps du moins, de protestations trop vives, les libertés publiques furent largement restreintes. Il n'est certes pas inutile de rappeler encore une fois que de telles dispositions pouvaient apparaître d'autant plus aller de soi que ce n'était que pour une parenthèse de quelques semaines, de quelques mois au maximum. On n'imaginait pas que cette situation exceptionnelle puisse durer plusieurs années et que, à terme, l'idée démocratique tout entière risquait d'être mise en cause.

La première liberté à être sacrifiée à la guerre fut *le droit de vote :* à partir du moment où une partie de la population était appelée aux armées, la pratique du droit de vote devenait évidemment difficile. Il y eut pourtant dans ce domaine un temps de retard, puisque le deuxième tour des élections partielles organisées à Lyon à la suite du décès d'un député socialiste virent la victoire du candidat socialiste, Marius Moutet, le 9 août, à un moment où la guerre était déjà déclarée. A la surprise du préfet, d'ailleurs, la participation électorale fut élevée.

Dès le 2 août 1914, *tous* les départements avaient été mis en *état de siège,* y compris les trois départements d'Algérie, ce qui signifiait un régime d'exception dont l'application était confiée à l'autorité militaire, avec possibilité d'interdiction des réunions, de perquisitions domiciliaires. Cette disposition qui faisait référence à une loi de 1849 complétée en 1878, n'avait jamais dans le passé — y compris pendant la guerre de 1870-1871 — été appliquée à l'ensemble du territoire. En outre une loi du 5 août 1914 étendait l'état de siège à la durée de la guerre, donc sans limitation prévue dans le temps. Une mesure qui dans la pensée du législateur ne pouvait avoir qu'une application temporaire dans un espace restreint devenait permanente et générale.

Très vite, des députés la jugèrent excessive et en demandèrent l'abrogation, ainsi le député radical Paul Meunier en mars 1915. Ce ne fut pourtant que le 1er septembre 1915 que le gouvernement rendit aux préfets et aux maires leurs pouvoirs normaux de police dans la zone de l'intérieur, l'autorité militaire conservant des pouvoirs de police « exceptionnels ». A partir de juillet 1917, l'autorité militaire reçut à nouveau les pouvoirs de l'état de siège, d'abord dans le secteur de Saint-Nazaire et Nantes où commençaient à débarquer les troupes américaines, puis progressivement sur la plus grande partie des littoraux. Comme dans d'autres domaines les militaires avaient donc dû rendre des pouvoirs à l'autorité civile.

Il en fut de même dans le domaine judiciaire. L'état de siège avait donné aux Conseils de guerre un rôle extrêmement vaste : au lieu de connaître uniquement des délits accomplis par des militaires ou relatifs à l'armée, ils pouvaient juger tous les cas qu'ils souhaitaient. Dans la pratique, un très grand nombre d'affaires qui relevaient des tribunaux correctionnels en temps ordinaire leur furent soumises. L'avantage de cette procédure était sa célérité. Ainsi les pillards qui avaient profité du saccage de magasins allemands ou soi-disant tels au début d'août 1914 purent être jugés très rapidement. En contrepartie les garanties dont disposaient habituellement les prévenus disparaissaient. Cela ne fut pas estimé suffisant puisque, par un décret du 6 septembre 1914, des Conseils de guerre spéciaux furent créés aux armées. Ces cours martiales, composées de trois juges, à la procédure extrêmement simplifiée, permettaient de juger en quelques heures les cas de flagrant délit, et de faire procéder immédiatement à l'exécution de la sentence. Dans ces cas, il n'y avait plus la moindre garantie, et c'était donner aux chefs le droit de vie ou de mort sur leurs hommes. Dans la pratique ces cours martiales ont fait preuve de retenue, mais elles représentaient un incontestable risque d'excès. En fait le système mis en place permettait de maintenir une discipline stricte en particulier à l'armée. Mais il n'était pas à l'abri de faire condamner et exécuter des innocents — il y en eut des exemples —, et il défiait toute règle judiciaire véritable.

Les milieux parlementaires manifestèrent assez vite leur inquiétude, mais il fallut attendre le 6 avril 1916 pour que le général Joffre renonce aux cours martiales. Au même moment (18 avril 1916), par une circulaire du ministre de la Guerre, les Conseils de guerre étaient invités à ne plus se saisir que des affaires qui les concernaient vraiment. Une loi du 27 avril 1916 indiqua avec précision les cas qui relevaient des Conseils de guerre. Dans les mois qui suivirent, avec une certaine lenteur, diverses mesures permirent, par touches successives, d'atténuer la sévérité des Conseils de guerre et de rendre aux accusés davantage de garanties. Dans ce domaine, le rôle des parlementaires fut décisif.

Malgré la gravité des atteintes aux autres libertés publiques que la guerre avait provoquées, ce fut la pratique de *la liberté de la presse* qui posa le plus de problèmes tout au long de la guerre.

De la guerre de 1870 avait été conservé le souvenir de ces indiscrétions de presse qui avaient renseigné le commandement allemand sur la marche de l'armée de Châlons, un des facteurs du désastre de Sedan. Or la loi sur l'état de siège ne donnait à l'autorité militaire que le droit d'interdire les publications de nature à provoquer le désordre. Il n'avait donc pas été prévu de censure préventive des journaux. En fait, dès le 4 août 1914, le gouvernement avait fait voter une loi *« réprimant les indiscrétions de la presse en temps de guerre »*. Elle indiquait avec précision tout ce qu'il était interdit de publier et cela allait bien au-delà de l'indiscrétion militaire : ainsi il fallait *« surveiller »* tout ce qui pouvait sembler une propagande pour la paix et il était interdit de publier des cartes postales renfermant des scènes ou des légendes de nature à avoir une fâcheuse influence sur l'esprit de l'armée ou de la population. Néanmoins il s'agissait encore de *« réprimer »,* non d'empêcher. Parallèlement, toutefois, un « Bureau de presse » avait été créé au ministère de la Guerre où toute information concernant la guerre devait être visée. Les mêmes mesures avaient été immédiatement étendues à la province. Il s'agissait donc bien là d'un système de censure, mis en place sans qu'il ait été décidé par une loi, sans d'ailleurs qu'il provoque de protestation particulière, accepté même avec bonne volonté. Comme l'a remarqué l'historien Georges Weill, *« dans les premiers jours, tout parut facile. L'esprit de solidarité nationale se manifestait partout ».* Les choses commencèrent à se gâter quand les « blancs » apparurent dans les journaux au mois de septembre, puis se multiplièrent. Dans un premier temps les journaux étaient mortifiés d'être ainsi montrés du doigt et d'avoir l'air de manquer de civisme. Très rapidement ils estimèrent que la censure frappait, non pas des informations confidentielles, mais des prises de position de caractère politique. Ceci n'était pas le fait du hasard : le 19 septembre, le ministre de la Guerre Millerand avait, par circulaire, précisé le domaine de la censure et interdit par exemple *« les articles de fond attaquant violemment le Gouvernement ou les chefs de l'armée »* et ceux *« tendant à l'arrêt ou à la suppression des hostilités ».* La censure recevait clairement une mission politique dont les limites risquaient d'être fort élastiques. Trois jours plus tard, nouvelle circulaire : à la suite de l'émotion provoquée par les instructions de Millerand, ses collègues du gouvernement obtenaient non la suppression de cette censure politique, mais son transfert des généraux commandants de régions aux préfets, de l'autorité militaire à l'autorité civile !

Les interventions de la censure se multipliaient donc, ainsi que les protestations de journalistes, ironiques ou indignées. Dans le *Figaro*, l'académicien Alfred Capus s'interroge sur ce type de censure *« qui pourrait faire croire que la République cherche l'occasion de menacer une des libertés sur lesquelles elle est fondée »*. Georges Clemenceau proteste avec véhémence, son journal *L'homme libre* est bientôt suspendu et il le fait reparaître sous le titre *L'homme enchaîné*. A vrai dire, la censure frappait indistinctement, sans souci de couleur politique. D'un côté on en accusait les *« généraux cléricaux »*, de l'autre *« les préfets radicaux »*. L'opinion publique s'en inquiétait. Des craintes pour l'avenir politique apparaissaient.

En fait la question de la censure fut évoquée tout au long de la guerre, et comme l'a écrit Pierre Renouvin, *« par la fréquence des débats, par l'abondance des interventions de toutes sortes,* [ce fut] *une des questions les plus encombrantes de l'histoire administrative et gouvernementale de la France pendant la guerre »*[2]. Accusée d'arbitraire, d'illégalité, de contradictions — on autorisait tel journal à publier ce qu'on interdisait à tel autre ! —, la censure était devenue très rapidement *« un moyen de gouvernement »*. Elle fut plus forte que chez les autres belligérants, en particulier en Allemagne. La censure devait orienter l'opinion dans le soutien au gouvernement, en même temps qu'elle l'anesthésiait, moins d'ailleurs dans une volonté d'optimisme béat comme on l'a souvent cru, que dans le souci d'éviter toute secousse. Ceci explique que les gouvernements successifs aient vu dans la censure un moyen de conforter leur autorité — quelle facilité de gouverner sans risquer d'être critiqué ! —, et que, les uns après les autres, Aristide Briand, Alexandre Ribot, Paul Painlevé résistèrent de toutes leurs forces aux attaques parlementaires contre la censure. Chacun affirmait qu'il n'y avait pas de censure politique et faisait en sorte qu'elle soit vigoureusement maintenue. Il fallut, assez paradoxalement, attendre le gouvernement Clemenceau, gouvernement fort, pour que la censure soit un peu allégée. Clemenceau, qui avait été pendant plus de trois ans un des adversaires les plus déterminés de la censure, autorisa les attaques personnelles contre les membres du gouvernement et son chef, mais maintint vigoureusement les autres interdictions, en particulier celles concernant les mouvements grévistes par exemple. Paradoxe inverse, il maintint la censure une fois la guerre terminée, même au-delà de la signature du traité de paix ! La loi sur la presse du 5 août 1914 ne fut définitivement abrogée que le 12 octobre 1919, un mois avant les élections !

Il ne faut toutefois pas exagérer le poids de la censure : une presse non-conformiste exista pendant la guerre, *L'Œuvre* devient un journal quotidien en septembre 1915, et en juillet 1916 *Le Canard enchaîné* débute sa carrière d'hebdomadaire satirique. Il s'attaque aux *« professeurs de patriotisme »*, lance un *« plébiscite national »* pour l'élection du *« grand chef des bourreurs de crâne »* où Gustave Hervé l'emporte d'une courte tête sur Maurice Barrès ! Quant au *Feu* d'Henri Barbusse, publié en feuilleton dans *L'Œuvre,* puis en volume en décembre 1916, il est couronné du prix Goncourt.

Qu'en temps de guerre — et pendant une telle guerre

—, il soit porté atteinte aux libertés habituelles était au fond dans la logique des choses. La tradition jacobine n'était pas là pour le démentir. Il est tout de même significatif que les réserves et les protestations les plus fortes vinrent le plus souvent de députés radicaux, c'est-à-dire du groupe politique qui, au moins dans la dernière période, s'était le plus identifié au régime parlementaire français. Exprimé ou non, le sentiment que, même si ces restrictions étaient nécessaires, elles portaient atteinte aux principes sur lesquels était fondée la République, existait bien. Les traces de cet état d'esprit ne sont pas absentes dans l'opinion publique, la clôture de la session parlementaire dès le 4 août 1914 — en réalité il n'y avait pas formellement clôture, mais ajournement *sine die* de la Chambre et du Sénat — avait été mal ressentie dans les milieux socialistes, et Edouard Vaillant avait protesté lors de la réunion de la commission exécutive du Parti socialiste en déclarant que c'était une grande faute qui traduisait l'abaissement du pouvoir civil devant le pouvoir militaire. Il faut d'ailleurs remarquer à titre de comparaison que les restrictions aux libertés furent beaucoup moins fortes en Grande-Bretagne.

Soulignons néanmoins que ces restrictions, tout au moins au début, se placèrent dans le prolongement de l'union sacrée. Elles se voulaient librement consenties. *A contrario* d'ailleurs, des mesures de répression prévues avant la guerre ne furent pas appliquées, comme nous l'avons vu à propos du *Carnet B,* sauf par erreur ou par mauvaise volonté des préfets concernés dans un tout petit nombre de départements. Le ministre de l'Intérieur Louis Malvy, convaincu de la volonté commune des Français d'adhérer à la défense nationale avait estimé qu'elles n'avaient pas de raison d'être. Souligner cet état d'esprit de 1914 est d'autant plus important que, plus tard — en 1917 — il fut durement reproché à Malvy de ne pas avoir appliqué le *Carnet B* et d'avoir eu alors des contacts avec les milieux révolutionnaires : *« Je vous reproche de trahir les intérêts de la France »,* lui lança Clemenceau le 22 juillet 1917 au Sénat.

Au total ce mélange de consentement, de restriction des libertés et de tolérance n'accrédite pas l'impression de « dictature militaire » que certains avaient pu redouter. Au surplus la rigueur de certaines dispositions était assouplie par la fréquence des changements de gouvernement. Le visage de la démocratie française avait donc été très fortement affecté par la guerre sans qu'on puisse dire pour autant que la nature du régime ait été modifiée. Ceci étant, ce n'était pas une mince question qui avait été posée et plus ou moins bien résolue. La démocratie était-elle uniquement un système adapté aux temps calmes ? De redoutables réponses pouvaient sortir de cette interrogation.

Le libéralisme en question

Les compétences de l'*Etat libéral* étaient par nature restreintes, et, en particulier, dans un domaine où cet Etat était surveillé de façon soupçonneuse, celui de l'économie et de la société. Ceci explique le petit nombre de ministères, une douzaine, qui suffisaient pour assurer le gouvernement du pays. Or brusquement l'hydre de l'*Etatisme* allait surgir. Par le fait des circonstances, l'Etat fut conduit à prendre en mains à peu près toute l'activité du pays et spécialement son activité économique. Une multitude de services apparut. Pierre Renouvin a pu parler à ce propos de *« l'exubérance de la végétation administrative »*[3]. Si l'on suit l'étude qu'en a fait Fabienne Bock[4], on peut constater que le nombre de ministères augmenta peu, 16 au lieu de 14 avec le gouvernement Ribot, chiffre qui restait le même à la fin de la guerre, même si le nom des ministères avait pu changer. En revanche il y eut une véritable prolifération de sous-secrétariats d'Etat : cinq dans le gouvernement Viviani de l'avant-guerre, huit lors du remaniement de ce gouvernement au mois d'août, dix dans le deuxième gouvernement Briand (décembre 1916), quinze en y incluant deux Hauts-Commissariats dans le gouvernement Ribot (mars 1917), ils sont une vingtaine avec les Commissariats dans le gouvernement Clemenceau ! Au cours de la guerre, la liste de ces sous-secrétariats d'Etat ne cessa d'être modifiée, en même temps que certains d'entre eux « voyagent » d'un ministère de rattachement à un autre. A l'intérieur des ministères le nombre de directions ne pouvait être multiplié sans autorisation législative, mais les sous-directions, les sections se multiplient. Il est nécessaire d'ajouter encore les *Comités,* les *Commissions,* les *Offices*. Une liste des principaux en dénombre 291 à la fin de la guerre, dont 80 pour le seul ministère de la Guerre, et cette liste est incomplète ! Cette prolifération administrative s'était faite évidemment dans un extrême désordre, des comités parallèles, voire concurrents, avaient été créés par des organismes différents : ainsi pendant deux ans il y eut à Londres deux missions françaises pour les achats de blé, l'une opérant au titre de l'intendance militaire, l'autre pour les besoins civils. Cet extraordinaire fouillis de comités « consultatifs », « supérieurs », « techniques », « centraux »... ne cessa de provoquer des volontés de réforme, de rationalisation, de coordination, d'où la création des comités « inter-ministériels ». Le premier d'entre eux vit le jour en mai 1916 avec comme objectif la répartition des « bois et des métaux » entre les divers utilisateurs.

Une innovation remarquable au niveau des principes fut la constitution de *consortiums* sous le contrôle de l'Etat, mais confiés à des organismes privés comme le Comité des Forges, dans le but d'importer et de répartir différents métaux, ou encore des organismes mixtes, entreprises privées et Etat. Etienne Clémentel, ministre du Commerce de 1915 à la fin de la guerre, fut un très actif partisan de ces consortiums — à l'encontre des fonctionnaires qui avaient l'impression de sortir de leur rôle. Il y voyait l'amorce d'une restructuration de l'industrie française, en songeant même à l'éventualité, après la guerre, d'ententes avec les industriels des pays alliés face à l'industrie allemande.

Ce foisonnement d'organismes souleva de vives critiques quant à l'efficacité et quant au grand nombre d'incompétents qui y sévissaient. En réalité, avec toutes les erreurs et confusions inévitables, le système remplit sa mission. Il permit aussi de mettre à la tête de certains ministères des non-parlementaires, techniciens des questions qu'ils avaient à traiter, de faire voisiner fonctionnaires, hommes d'affaires, industriels... En plus d'hommes comme Albert Thomas ou Etienne Clémentel, véritables ministres techniciens, mais qui étaient néanmoins des parlementaires, la guerre révéla par exemple Albert Clavelle, haut-fonctionnaire qui devint sous-secrétaire d'Etat aux Travaux publics en décembre 1916, puis ministre des Travaux publics et des Transports jusqu'en janvier 1920. Néanmoins, même ceux qui, finalement, reconnaissaient que le système avait été efficace et avait permis l'immense effort économique, tout en sauvegardant au maximum la paix sociale, le faisaient sans bonne humeur. Un des observateurs de cette situation, Adolphe Delemer[5], a pu écrire en 1922 : « *L'Etat en était arrivé à absorber pour les besoins de la guerre la presque totalité des ressources matérielles disponibles. La réquisition captait sur le territoire la production française subsistante. Le régime des importations centralisé aux mains de quelques organismes, ne laissait plus rien filtrer hors des services publics* ». Comme l'écrit Maurice Kellersohn qui signait du nom de Trustee[6], l'activité privée a disparu sous l'emprise de l'étatisme : elle est réglementée, disciplinée, étouffée. Le régime économique s'attaque à la « liberté individuelle » dans presque toutes ses manifestations.

Plus de liberté du commerce, l'Etat fixe les prix, répartit les denrées, réquisitionne les produits. Là où les échanges sont encore libres, la possibilité de faire voyager les marchandises dépend de l'Etat. Les contrats sont mis en cause par le moratoire. Les achats à l'étranger sont contrôlés.

Restriction aussi de la liberté de la production puisque l'Etat dispose des matières premières, de la main-d'œuvre, en contrôlant toutes les industries qui travaillent pour la guerre. En réalité, directement ou indirectement, il n'y a guère de secteur de la production qui échappe au contrôle de l'Etat. Ce qui est vrai pour l'industrie l'est aussi — à un degré moindre cependant — pour l'agriculture : dans ce domaine également, les taxations, les réquisitions se multiplient tandis que des comités de l'Etat s'occupent de la mise en exploitation des terres abandonnées... Une commission envisage même les moyens d'intensifier la production fruitière, une autre le développement de la culture mécanique. Le ministère de l'Agriculture débloque des crédits pour l'achat de tracteurs, étudie les moyens d'augmenter les rendements de sucre à l'hectare[7]...

Une fois la guerre terminée, cette prise en mains de l'économie et de la société par l'Etat disparut très rapidement et en apparence il n'en resta guère de traces. Seuls des socialistes comme Albert Thomas considéraient que le système de la guerre devait servir de modèle, de préfiguration à l'organisation de l'économie en temps ordinaire. Mais certains observateurs se rendaient compte que la société libérale était passée sous le vent du boulet et qu'aucune expérience n'est jamais effacée complètement. De ce point de vue les réflexions d'Etienne Clémentel, une dizaine d'années plus tard, sont tout à fait significatives : *« Une des grandes leçons que le monde économique doit tirer de l'histoire de la guerre, c'est que toute crise mondiale entraînera désormais fatalement, en dehors des pertes sanglantes en hommes et des destructions innombrables de richesses de toutes sortes, la mainmise de chaque Etat sur son activité nationale, la réquisition et la mobilisation de toutes les usines et de tous les ateliers : en un mot cette ingérence de l'Etat, cette dictature économique qu'industriels et commerçants sont unanimes à combattre pendant les années de paix... Que ceux qui auraient le courage de considérer de sang-froid la possibilité d'une nouvelle guerre mondiale... songent qu'elle ne mettrait pas seulement en péril leur existence ou celle de leurs proches, mais qu'elle jetterait infailliblement sur leurs épaules cette lourde gangue de "l'étatisme" dont ils redoutent le poids par-dessus tout »*[8].

Clémentel faisait assez curieusement écho à la formule de Marcel Sembat. Pour l'un la démocratie parlementaire, pour l'autre le libéralisme étaient indissolublement liés à la paix. La guerre mettait en cause les fondements mêmes de l'Etat et de la société, tels qu'ils existaient. Mais la réflexion portait beaucoup plus loin. Une conception du rôle de l'Etat bien adaptée seulement aux périodes de calme — finalement rares dans la vie des peuples — n'était-elle pas condamnée ? L'expérience de la guerre ne mettait-elle pas en cause tous les principes sur lesquels était fondé l'ordre légal ? On pouvait pour l'instant couvrir des nécessités de la guerre, des nécessités de l'extraordinaire, ce qui s'était passé et ainsi tenter d'en exorciser le fantôme. Il n'empêche que, dans son esprit, le libéralisme était gravement atteint.

La dérive droitière de l'union sacrée

Si la prolongation de la guerre atteignait les principes mêmes sur lesquels reposait la République et mettait en cause la nature et le rôle de l'Etat, les forces politiques pouvaient-elles ne pas en être affectées ? Cette trêve, plus ou moins bien respectée des débuts du conflit, pouvait-elle se maintenir sans connaître de profondes mutations internes visibles ou invisibles, conscientes ou inconscientes ?

Après que Clemenceau se fût installé au pouvoir en novembre 1917, l'ancien ministre de l'Intérieur « radical », Louis Malvy, et l'ancien président du Conseil et ancien président du parti radical, Joseph Caillaux, arrêté le 14 janvier 1918, furent les héros d'affaires dont la principale justification était d'illustrer cette phrase de la déclaration ministérielle du nouveau président du Conseil, *« le pays connaîtra qu'il est défendu »*. La masse des députés radicaux manifesta beaucoup de prudence dans la défense de ses dirigeants et en pratique s'en désolidarisa. Une faille avait tout de même joué, dont la « gauche » était la victime. En fait le glissement progressif vers la droite est repérable dans l'évolution de la majorité gouvernementale.

Le 16 juin 1914, le cabinet Viviani avait obtenu la confiance par 362 voix contre 130 sur 501 votants : la droite s'était abstenue, les socialistes avaient voté contre, le gouvernement avait été soutenu par la gauche radicale et le centre.

Le gouvernement Briand, le 3 novembre 1915, recueillit 515 voix contre une et 25 abstentions, soit la presque unanimité de la Chambre des députés.

Le 5 juin 1917, le gouvernement Ribot obtenait 424 voix contre 52 dont 47 socialistes (parmi lesquels Longuet, Laval, Brizon, Bedouce, Vincent Auriol...), 39 autres députés socialistes ayant voté pour le gouvernement.

Le 18 septembre 1917, le ministère Painlevé n'obtenait plus que 368 voix : 131 députés s'étaient abstenus, les socialistes et la plus grande partie des radicaux-socialistes. Malgré tout Painlevé, républicain-socialiste, se situait à gauche, et moins de deux mois plus tard, une centaine de voix de droite venaient s'ajouter à celles de gauche pour le renverser (le seul gouvernement à l'avoir été pendant la guerre).

L'évolution qui avait conduit d'une majorité axée à gauche à une majorité fondée sur la droite est confirmée par le vote de confiance qu'obtint Clemenceau le 20 novembre 1917, 418 voix contre 65 et 40 abstentions. Les votes contre étaient uniquement socialistes, les abstentions socialistes ou radicales puisqu'il ne lui avait manqué aucune voix de droite et du centre. Il obtenait certes aussi une grande partie des voix radicales, mais c'était bien davantage la conséquence de la déliquescence du parti radical que du soutien de celui-ci. Il n'y a pas de doute : alors que la Chambre des députés avait été élue majoritairement à gauche, son centre de gravité politique était maintenant situé à droite, et d'ailleurs, les élections de 1919 confirmèrent cette évolution.

Cette situation n'était pourtant que l'expression du trouble où progressivement la guerre avait plongé les forces de gauche.

Le parti radical et le parti socialiste avaient adhéré à l'union sacrée, ils avaient été convaincus de la nécessité de la trêve des luttes politiques, mais la guerre était par nature contraire à leurs sentiments profonds et sa prolongation ne pouvait manquer de leur poser des problèmes existentiels grandissants. Considérer qu'il y ait eu dans un premier temps alignement du mouvement socialiste ou du courant radical sur les positions des formations politiques situées à leur droite, qu'il y ait eu reddition de la gauche à la droite, du pacifisme au nationalisme, serait erroné. Mais alors que la guerre n'était plus une courte parenthèse, pouvait-on considérer que l'union sacrée était restée l'expression du sentiment national momentanément substitué aux oppositions de classe ou tout au moins aux oppositions politiques habituelles ? L'union sacrée était-elle restée une « pratique » imposée par les circonstances, ne risquait-elle pas de prendre valeur doctrinale ? La « pratique » prolongée de la trêve des partis, de la trêve dans la lutte des classes pour les socialistes, ne pouvait-elle manquer d'apparaître, non plus comme un phénomène de circonstances, mais comme une sorte d'idéal social. Et comme cet idéal social était habituellement celui des groupes politiques et sociaux partisans de conserver l'état social existant, la prolongation de l'union sacrée ne conduisait-elle pas fatalement à lui donner un contenu idéologique marqué à droite ?

Pour le parti radical-socialiste[9], la guerre avait d'abord été un coup sévère au niveau de son organisation. Contrairement à ce que l'on pense habituellement, ses structures étaient certes assez lâches, mais il était formé d'un très grand nombre de comités — peut-être un millier — et comprenait un très grand nombre d'adhérents — peut-être 200 000 —, ce qui en faisait un véritable parti de masse, mais cet édifice important s'était évanoui avec la guerre. Les organismes centraux connaissaient également une léthargie complète, laissant les parlementaires être l'unique expression du radicalisme. Plus grave encore, le parti radical, ou tout au moins ceux qui le représentaient, laissèrent progressivement disparaître l'identité du radicalisme. Tous les gouvernements qui se succédèrent (y compris d'ailleurs à la fin celui de Clemenceau) comprirent bon nombre de ministres radicaux, même le gouvernement d'Alexandre Ribot, homme de droite que les radicaux avaient rejeté sans ménagement quand Poincaré l'avait chargé de constituer le gouvernement en juin 1914. Ces ministres radicaux étaient l'ossature des gouvernements et les voix des parlementaires radicaux étaient indispensables à l'existence des gouvernements de guerre. Ce qui signifie dans la pratique que les radicaux adhérèrent de la façon la plus étroite aux politiques poursuivies par ces gouvernements. On pourrait y voir la simple traduction de leur loyauté envers l'union sacrée, mais Serge Berstein l'interprète autrement. Il considère que, bien loin d'influencer les gouvernements dans le sens de leurs idéaux traditionnels, ils collèrent aux positions de leurs adversaires du passé. Leur position *« résulta tout simplement de la perte d'identité du radicalisme dans un système de valeurs et de références qui est celui de la droite »*. Ils acceptèrent fondamentalement de rejeter la *« politique »* qui divise au profit de la *« nation »* qui réunit, et donc de condamner l'esprit de réforme, qui était leur raison d'être, pour se montrer plus zélés que les autres dans *« l'affirmation de leur caractère national »*. Une série d'exemples montre cette adhésion des parlementaires et des ministres radicaux à des options politiques qui n'étaient pas les leurs : leur acceptation de buts de guerre aux connotations annexionnistes définis par le gouvernement Briand au début de 1917 (encore qu'elles soient bientôt démenties par le gouvernement suivant d'Alexandre Ribot[10]), ou encore d'orientations économiques qui visaient à soumettre l'Allemagne à des discriminations économiques permanentes et traduisaient des visées impérialistes[11].

L'attitude des radicaux peut être comprise. Lorsque le parti radical recommence à avoir une existence à l'automne 1917, il porte à sa présidence le candidat de la gauche du parti, le sénateur du Nord, Charles Debierre, contre le candidat de la droite, le sénateur de la Haute-Saône, Maurice Couyba. Certains intervenants lors de ce congrès d'octobre 1917 — le premier depuis 1913 ! — réclament l'institution d'un gouvernement de *« démocratie sociale »*, c'est-à-dire avec les socialistes. Mais ces velléités restent lettre morte. En réalité le parti est lié. Son principal soutien, les classes moyennes, est la véritable épine dorsale de l'union sacrée, et que l'union sacrée ait glissé vers une idéologie de droite ne les trouble pas beaucoup dans les circonstances du moment. Néanmoins — et c'est une sorte de paradoxe — le radicalisme, bien loin de profiter de ce patriotisme sans failles, va en sortir discrédité. C'est évidemment très largement la conséquence des accusations de trahison portées contre Caillaux et Malvy. Non seulement les radicaux défendent peu et finalement abandonnent deux de leurs plus importants représentants, mais encore, pour échapper à cette accusation de trahison, ils ont tendance à être particulièrement dociles envers la politique de Clemenceau. Lorsque Clemenceau menace de démissionner si les poursuites contre Caillaux ne sont pas acceptées par la Chambre, la levée de l'immunité parlementaire de l'ancien président du parti radical est votée par 396 contre 2... 115 députés s'étant abstenus, dont 76 socialistes. La majorité des députés radicaux a donc voté la levée de l'immunité !

En fait la guerre avait fait perdre à la principale force politique française de l'avant-guerre toute autonomie, et elle n'était plus qu'une simple force d'appoint de la droite. Il n'est pas sûr que les contemporains aient eu pleinement conscience de ce glissement ; mais, lors des élections de 1919, une partie des radicaux a pu faire liste commune avec la droite sous la forme du Bloc national, sans que cela apparaisse comme particulièrement choquant aux yeux de leur électorat. Fondamentalement, la réalité était là.

L'autre grande formation de gauche, le parti socialiste, allait suivre un chemin sinueux, mais au total inverse de celui du parti radical, renforçant ainsi l'éclatement du pôle de gauche de la vie politique française.

A l'intérieur du parti socialiste[12], la contestation de l'union sacrée avait commencé à se développer dès les premiers mois de 1915, lorsque la fédération socialiste de la Haute-Vienne, le 15 mai 1915, rappela les résolutions du congrès de l'Internationale de Stuttgart en 1907 qui demandait aux socialistes, dans le cas du déclenchement d'une guerre, de *« s'entremettre pour la faire cesser promptement »*. A partir de là une tendance se constitua dans le parti socialiste à laquelle on donna le nom de « minorité ». Jean Longuet, député de Sceaux, et petit-fils de Karl Marx, devint rapidement la figure de proue de cette tendance. Elle se manifesta pour la première fois au niveau de l'ensemble du parti lors du Conseil national du 15 juillet 1915, en s'abstenant lors d'un vote. La différence était d'ailleurs assez mince avec les « majoritaires » qui poursuivaient la participation à la défense nationale sans états d'âme, alors que les « minoritaires », sans remettre en cause la défense nationale, ne se résignaient pas à la guerre. En 1916, la minorité se renforça, et lors du Conseil national tenu en avril une motion présentée par Adrien Pressemane, député de la Haute-Vienne, recueillit 960 voix contre 1 987 à la motion majoritaire.

Un certain nombre de publications commençaient à faire écho à la minorité, et en particulier un hebdomadaire lancé le 1er mai 1916, *Le Populaire*. Les minoritaires n'entendaient toujours pas mettre en cause la défense nationale. Ils ne voulaient pas la paix à tout prix, mais ils demandaient que l'on ne refuse pas d'explorer les voies de la fin des combats. Progressivement l'influence de la minorité s'étendit à la majorité : au mois de janvier 1917, 130 voix seulement séparaient minorité et majorité, et un peu plus d'un an plus tard, lors du Conseil national des 28-29 juillet 1918, la motion Jean Longuet l'emportait sur la motion Renaudel, tête de file des majoritaires, par 1 544 voix contre 1 172. Au congrès national des 6-10 octobre 1918, ce changement de majorité était confirmé, et l'ancienne minorité prenait la direction du parti socialiste. En théorie, à la fin de la guerre quatre tendances se partageaient le parti socialiste : de droite à gauche, les « jusqu'au-boutistes » qui voulaient écraser l'impérialisme allemand, un courant centriste « ex-majoritaire », un courant centriste « ex-minoritaire », enfin une fraction révolutionnaire assez peu homogène d'ailleurs. En fait, le gros du parti s'était rassemblé au centre, rassemblement favorisé à partir de la fin de 1917 par le départ des ministres socialistes du gouvernement. La victoire de Longuet et de ses amis traduisit le refus de la majorité des socialistes d'accepter le glissement de l'union sacrée : ils ne reniaient pas l'union sacrée telle qu'elle avait été définie en 1914, mais l'union sacrée « de droite », ils n'en voulaient pas. En particulier ils ne voulaient pas renoncer à l'internationalisme.

Ainsi, alors que les radicaux s'étaient laissé engluer dans un type d'union sacrée contraire à leurs principes et y avaient perdu leur âme, les socialistes dans leur très grande majorité, sans mettre en cause la défense nationale, avaient refusé d'abandonner leur propre idéologie au profit de celle de leurs adversaires les plus convaincus. Pourquoi cette différence ? Dans une large mesure, parce que, si l'organisation socialiste avait été affaiblie par la guerre comme toutes les organisations politiques, elle avait tout de même conservé des militants, une structure, des réunions, mais aussi parce que les masses ouvrières tout en rejetant le défaitisme, tout en ne reniant pas l'union sacrée, n'entendaient pas servir des objectifs politiques de droite. En fait ce que les classes moyennes avaient admis, privant ainsi le parti radical de la possibilité de résister, les ouvriers l'avaient refusé. Là encore la configuration des élections de 1919 était en germe dans ces évolutions.

Face à des forces politiques de gauche en difficulté, la droite au contraire se trouvait confortée. Ses idées, ses valeurs n'étaient pas contredites par les événements. Elles pouvaient même occuper le pouvoir, fût-ce par l'intermédiaire de ceux qui les avaient combattues dans le passé. Pour les formations de droite, les problèmes d'organisation ne se posaient guère. La question principale était celle de leur intégration dans le système politique. Comme nous l'avons vu, en août 1914, il n'avait pas encore paru possible d'inclure dans le gouvernement des hommes représentatifs de la droite nationaliste et cléricale comme Albert de Mun ou Denys Cochin, malgré le souhait du président de la République. Mais très rapidement les choses avaient changé puisque Denys Cochin entrait comme ministre d'Etat dans le gouvernement constitué par Aristide Briand en octobre 1915. Ce qui séparait, avant la guerre, la droite d'une partie du centre, c'était la méfiance envers la République (même si une partie de la droite l'avait officiellement acceptée) et la question religieuse. Or la République fait la démonstration qu'elle peut conduire une guerre et la guerre atténue les oppositions religieuses. Dans ces conditions, la droite, non seulement cesse son opposition systématique aux gouvernements, mais va progressivement en devenir le soutien le plus solide, avant de trouver une sorte d'idéal dans le gouvernement Clemenceau. Son porte-parole le plus éloquent, Maurice Barrès, peut exalter, dans *Les diverses Familles spirituelles de la France,* l'héroïsme partagé par tous. La guerre est une lutte mystique pour la patrie, pour la France immortelle. Dans l'union sacrée, telle qu'elle est devenue, la droite trouve l'expression même de ses principes. La guerre lui redonnait une place perdue depuis quarante ans. Elle pouvait croire et faire croire qu'elle était de nouveau la France.

De ce point de vue, la place prise par l'Action française est tout à fait significative. De mouvement marginal malgré son dynamisme, elle s'installe au cœur du dispositif politique français. Sa violence, elle l'a transférée dans les dénonciations de l'ennemi intérieur.

Principalement sous la plume de Léon Daudet, *L'Action française* s'emploie, et quelquefois avec succès à établir, — si on ne craint pas cette anticipation — une sorte de maccarthysme avant la lettre. Daudet « dénonce » à tour de bras et le plus souvent sans la moindre preuve. Par la force des choses toutefois, il lui arrive de viser juste, d'où le progrès de l'influence de l'Action française. Les tirages du journal montent, ses souscriptions obtiennent du succès, il peut s'installer en février 1917 dans des locaux nouveaux plus spacieux, rue de Rome, en face de la gare Saint-Lazare.

Il est arrivé que les gouvernements soient conduits à réagir contre les excès de *L'Action française.* Ainsi, en 1917, des perquisitions et des poursuites ont lieu contre certains des dirigeants « royalistes », mais dans l'ensemble ils laissent faire. Comme l'a écrit Eugen Weber, *« la question qui se posait, c'était de savoir dans quelle direction ils* [Maurras et Daudet] *allaient conduire un mouvement qui, en si peu de temps, semblait avoir atteint des hauteurs aussi inattendues »*[13].

Les troubles de la société

Que la quotidienneté de la gestion du pays en temps de guerre et la prolongation de celle-ci aient progressivement fendillé le consensus des premiers temps, il n'y avait en fait rien d'étonnant. Il faut néanmoins souligner que cela n'a pas conduit à deux France politiques dressées l'une face à l'autre. Clemenceau a su, par la conviction ou la crainte, par l'adhésion ou la domestication, rassembler le gros des forces politiques autour de lui. Quant à l'opposition des socialistes, elle n'est pas fanatique, plutôt boudeuse, et d'ailleurs certains d'entre eux auraient bien continué à participer à la gestion du pays.

En revanche la société n'a-t-elle pas été plus gravement atteinte ? N'a-t-elle pas subi des tensions très fortes ?

Dans une première période, depuis l'été 1914 jusqu'à la fin de 1916, voire le début de 1917, c'est-à-dire pendant plus de trente mois, l'idée assez paradoxale que la guerre serait courte s'est maintenue. De six mois en six mois, tout le monde ou presque croyait qu'un délai de même longueur serait suffisant pour atteindre le terme de l'épreuve, et ainsi de suite. Malgré sa longueur, la guerre continuait à être considérée comme une brève parenthèse. Pour les différentes composantes de la société française, le contexte psychologique restait le même que pendant les premières semaines du conflit. Il était donc logique, cohérent, que l'attitude face à la guerre ne change pas, que le consensus de la société ne s'effrite pas, sauf si pour certains les conditions matérielles avaient rendu leur vie trop difficile.

Dans une France encore majoritairement rurale, c'est tout naturellement vers les campagnes qu'il faut d'abord se tourner. Dès l'été 1914 le grand problème avait été celui de l'achèvement des travaux agricoles. Or tous les témoignages concordent. Pour remplacer les mobilisés, un magnifique mouvement de solidarité avait soulevé les campagnes. Grâce au travail des femmes, des enfants, des vieillards, des hommes hors d'âge d'être mobilisés, les récoltes furent faites, ainsi que pour l'essentiel les labours d'automne. La démonstration que les travaux agricoles pouvaient se faire rasséréna les populations des campagnes et leur facilita l'attente, ainsi d'ailleurs que les soldats dont beaucoup comme nous l'avons vu continuaient et allaient continuer d'avoir les yeux fixés vers leurs exploitations. Les élans de solidarité ont pourtant leurs limites, et en 1915 et en 1916, des difficultés de main-d'œuvre apparurent, d'autant que de nouvelles classes d'hommes jeunes étaient appelées sous les drapeaux. Le renvoi des hommes âgés des classes 1888 et 1889 qui avaient donc quarante-sept ans respectivement en 1915 et 1916, ne fut qu'un palliatif insuffisant. Les quantités produites eurent donc progressivement tendance à baisser, mais il n'y eut pas développement de la pauvreté dans les campagnes, et cela pour deux raisons.

Une première raison qui, pendant longtemps, fut à peu près passée sous silence fut la distribution d'*allocations*. Dès le 5 août 1914 une loi avait été votée qui attribuait une allocation de 1,25 F par jour, plus une majoration de 0,50 F par enfant au-dessous de 16 ans, à chaque famille nécessiteuse dont le soutien était mobilisé. C'était une ressource appréciable pour des familles d'ouvriers agricoles. Un instituteur de Haute-Savoie avait par exemple constaté : *« Jamais la femme d'un journalier mère de trois enfants n'a reçu des mois de 82,50 F, montant de son allocation (...) »*, et Yves Lequin commentant ce fait pouvait souligner : *« Par le biais des allocations, c'est le monde rural savoyard qui accède à une économie monétaire. Dans la vieille exploitation autarcique d'avant 1914, le numéraire était rare et réservé aux achats importants »*[14]. Ce n'était pas non plus une ressource négligeable pour de petits cultivateurs d'autant qu'elle venait s'ajouter à des revenus qui n'étaient guère entamés. Dans un premier temps la distribution des allocations avait été sérieusement contrôlée, mais très vite elle fut opérée avec libéralité. Elles furent données à des familles qui n'en avaient guère besoin, mais de nombreux témoins l'ont affirmé, leur rôle dans le maintien du moral des populations n'a pas été négligeable, voire a empêché que des troubles puissent se produire.

Une deuxième raison explique le maintien de conditions matérielles satisfaisantes dans les campagnes, la *montée des prix agricoles*. Ce n'est en fait qu'à partir de 1916 qu'elle se fit nettement sentir et il fallut encore un certain temps pour que les agriculteurs en prennent conscience et profitent des avantages d'un effort supplémentaire. Suivant les produits, les prix doublèrent, triplèrent, quelquefois décuplèrent entre le début et la fin de la guerre. On comprend dans ces conditions que les campagnes connurent une réelle aisance et que des fonctionnaires ruraux comme les instituteurs, dont les traitements ne suivaient pas la hausse des prix, en aient éprouvé quelque acrimonie. Ils déploraient les prix excessifs, exorbitants, pratiqués par les cultivateurs qu'ils décrivaient *« gorgés d'or »* et réalisant des *« gains fabuleux »*. Il faudra nous demander plus tard si cet enrichissement imprévu a bien été une réalité ou seulement une apparence, mais dans une société qui ignorait jusque-là l'inflation — tout au moins depuis plus d'un siècle — cela ne pouvait être ressenti, au moins momentanément, que comme une réalité.

Dans les milieux populaires urbains, les choses se passèrent différemment. Les familles ouvrières bénéficièrent aussi des allocations militaires, mais c'était une somme assez maigre quand il fallait qu'elle se substitue à des revenus totalement disparus. Certes, le moratoire sur les loyers qui avait été également décidé dès le début de la guerre allégeait les charges des familles des mobilisés, mais leur vie aurait été difficile, si l'activité économique n'avait repris dès l'automne et si les besoins énormes de l'armée n'avaient ramené à l'arrière une partie des ouvriers mobilisés et permis à beaucoup de femmes d'entrer dans la production. Résultat : après quelques semaines ou quelques mois, les conditions matérielles du monde ouvrier ne furent pas trop mauvaises, tant que la hausse des prix ne vint pas exagérément rogner le taux réel des salaires.

Des conditions matérielles supportables ne réglaient pas tout cependant. Sur le plan moral les conditions étaient beaucoup moins bonnes, et quelle que soit la catégorie de la population, l'opinion se rendait compte progressivement de la formidable hécatombe qui se produisait. L'angoisse des familles des combattants était constante et redoublait encore chaque fois qu'une lettre ne parvenait pas dans les délais habituels, chaque fois que l'on pouvait craindre que « quelque chose soit arrivé ». Il est difficile de mesurer ce que fut l'insupportable longueur de ces années écoulées jour après jour... C'est d'ailleurs pour tenter de diminuer cette angoisse que se sont constituées ces formidables correspondances de guerre, beaucoup de soldats écrivant tous les jours au moins un petit mot pour rassurer leurs proches. Des officiers étaient même amenés quelquefois, quand ils étaient saisis de plaintes des familles, à rappeler leurs devoirs aux négligents.

Par la suite, au cours de l'année 1917, la conviction que la guerre serait courte fit place à l'idée qu'elle ne pouvait avoir de fin. L'échec de l'offensive d'avril, l'offensive du Chemin-des-Dames, joua un rôle majeur pour faire basculer l'opinion, pour accréditer cette idée que, décidément, personne n'était en mesure de vaincre. Dans ce nouveau contexte, l'attitude des groupes sociaux tendit à se différencier et l'intégration plus ou moins forte, plus ou moins profonde à la nation, en est probablement l'explication.

La société française était assise sur ses masses rurales, mais son épine dorsale était formée par les classes moyennes, dont d'ailleurs une fraction de la population campagnarde faisait partie. L'attitude des classes moyennes n'est pas toujours facile à connaître. Lorsque des enquêtes furent demandées aux préfets comme celle de juin 1917 sur le moral des Français[15], beaucoup d'entre eux négligèrent ces classes moyennes difficiles à appréhender — ne serait-ce qu'en raison de leur extrême diversité —, et qui, au surplus, ne semblaient pas susceptibles de provoquer des difficultés et de mettre en cause la cohésion de la communauté nationale. Il est d'ailleurs important pour comprendre les Français de cette époque et le rôle révélateur de la guerre, de souligner (en dehors même de toute appartenance partisane) cette confiance innée dans les classes moyennes, identifiées à la France. Ne peut-on retrouver là aussi l'esprit de la France radicale, à la conjonction de la tradition terrienne, de la petite propriété, des petites classes moyennes urbaines et du patriotisme jacobin ?

La petite bourgeoisie, les fonctionnaires, ont souffert gravement : ils ont été victimes de l'augmentation des prix, de ce que l'on commence à appeler la « vie chère », des revenus en diminution, — baisse des rémunérations réelles pour les uns, perte des revenus de leurs loyers pour beaucoup d'autres — avec un « rang » à tenir, sans la possibilité sociale de « travailler » pour les femmes. La situation des commerçants est très variable, difficile dans les petites villes où la consommation a diminué, meilleure et souvent prospère dans les grandes et dans ces villes moyennes où la guerre a réuni de grandes concentrations d'ouvriers. Mais qu'ils aient souffert ou non de leur vie matérielle, leur moral est resté solide, ils font corps avec la société. C'est encore plus vrai des professions libérales, des fonctionnaires d'un rang élevé, des enseignants, des intellectuels, des industriels. Leurs deuils sont nombreux, proportionnellement moindres que chez les paysans parce que beaucoup des combattants issus de ces groupes sociaux n'appartenaient pas à l'infanterie, l'arme, et de loin, la plus éprouvée. Cependant la « bourgeoisie urbaine » reste très ferme, très consciente des sacrifices qu'elle estime nécessaires.

Quant au monde paysan, son attitude connaît certaines fluctuations. Pendant la première période de la guerre, il a fait preuve d'une stoïque résignation devant les morts et les difficultés de la vie, mais assez rapidement la paysannerie a été vivement préoccupée par le manque de main d'œuvre, même si le retour des catégories les plus âgées a contribué à atténuer cette pénurie. En outre les prisonniers de guerre, d'abord utilisés avec réticence — la haine du « Boche » —, sont maintenant vigoureusement réclamés : le seul problème est qu'il n'y en a pas assez. Au 1er avril 1916, alors que les prisonniers aptes au travail étaient au nombre de 80 000, les demandes s'élevaient à 600 000 ! Et des prisonniers étaient aussi utilisés dans l'industrie, encore qu'il était interdit de les employer à des fabrications militaires. La paysannerie continue à mal supporter les réquisitions, les taxations, les réglementations de toutes sortes qui s'abattent sur elle. En revanche elle profite de la hausse des prix, tout en s'en plaignant pour les produits qu'elle doit acheter. Il n'y a pas de crise du moral dans les campagnes, toutefois les préfets font état de la baisse du tonus patriotique. Les paysans trouvent que *« ça dure trop »*, ils deviennent indifférents aux idées d'efforts collectifs et de solidarité mutuelle, ils ne songent qu'à leurs intérêts immédiats. Résignées, les campagnes le sont de plus en plus, mais d'une résignation qui est de plus en plus lasse. Une profonde lassitude est probablement le trait le plus marquant de la population rurale. L'idée d'une rupture du consensus national n'y existe pourtant pas.

Dans ces conditions, c'est dans sa composante ouvrière que la société allait être la plus secouée, et c'est d'ailleurs aussi la composante qui est la mieux connue, qui a été la plus étudiée. A vrai dire, pendant longtemps on en a surtout considéré l'aspect « volontariste », l'aspect « mouvement ouvrier », partant en quelque sorte du postulat que le mouvement ouvrier explique le mouvement social et non l'inverse. Or l'un et l'autre se nourrissent respectivement. La guerre de 1914 en a été un très bel exemple.

Si l'on met de côté la « minorité » socialiste animée par Jean Longuet et dont nous avons vu la progression (mais qui ne mettait pas en cause les nécessités de la défense nationale), des forces dont l'hostilité à la guerre était beaucoup plus prononcée allaient progressivement se dégager. A partir de l'automne 1914, l'opposition à la guerre avait trouvé des partisans : Pierre Monatte, le directeur d'un journal syndicaliste *La vie ouvrière,* démissionna en décembre 1914 du bureau confédéral de la CGT pour protester contre la participation de la CGT à l'union sacrée, Alphonse Merrheim, le secrétaire de la fédération des métaux, une femme socialiste Louise Saumonneau... Cette opposition fut animée par Léon Trotsky, arrivé en France en cette fin de 1914 et qui y séjourna jusqu'à son expulsion à la fin de 1916. Elle constituait un groupe assez hétérogène, prit le nom de *Comité pour la reprise des relations internationales,* et dénonça avec vigueur la

« *collaboration de classe* » à laquelle se livraient le parti socialiste et la CGT. De même, des syndicalistes constituèrent une opposition à l'intérieur de la CGT, le *Comité de défense syndicaliste*. Deux syndicalistes, Alphonse Merrheim et Albert Bourderon, secrétaire de la fédération du Tonneau, représentèrent le mouvement ouvrier français à la conférence de Zimmerwald en septembre 1915, alors que ce furent trois députés socialistes, Brizon, Blanc et Raffin-Dugens, qui participèrent à celle de Kienthal en avril 1916. Ces conférences — même si elles aboutirent à des textes relativement modérés et n'appelèrent pas à la révolution, se contentant de condamner la guerre « impérialiste » —, n'en ont pas moins été animées par les éléments les plus révolutionnaires du mouvement ouvrier international, encore qu'ils n'aient pu y imposer leur point de vue. Cette opposition radicale à la société française en guerre pouvait créer une rupture dans le consensus national. Néanmoins — si les importantes études qui lui ont été consacrées ont focalisé à l'excès l'attention sur elle —, dans l'immédiat, l'influence de cette tendance fut à peu près nulle ou du moins extrêmement faible. On peut le constater en analysant l'attitude des couches populaires parisiennes en 1915, pour lesquelles on possède des enquêtes menées arrondissement par arrondissement. Les difficultés matérielles entraînent bien entendu des récriminations et même de vives protestations à propos des premières augmentations de prix. La pénurie de charbon, au mois d'août, provoque un véritable affolement à l'idée de ce que pourrait être l'hiver. On craint que le moratoire des loyers ne soit pas renouvelé quand il arrivera à terme. En fait il fut renouvelé jusqu'à la fin de la guerre, mais devant les protestations des propriétaires privés de ressources et qui estimaient que ceux qui n'auraient vraiment pas eu les moyens de payer n'étaient pas seuls à profiter du moratoire, les locataires craignaient toujours que le gouvernement cède à ces doléances. En revanche les observateurs ne relèvent guère de propos « révolutionnaires » et ne croient pas que les « théories » pacifistes fassent beaucoup d'adeptes.

En fait il faut attendre la fin de 1916 pour que le mouvement social connaisse des signes de reprise. Certains syndicats se reconstituent, leurs réunions rassemblent peu de monde et les préoccupations sont d'ordre purement professionnel et salarial. Il n'en reste pas moins qu'on pressent que le climat est en train de se modifier.

Effectivement, alors que le mouvement gréviste a été tout à fait réduit pendant les années 1915 et 1916, une première vague de grèves éclate à Paris dès janvier 1917 d'abord dans la haute-couture, ensuite dans le bâtiment et dans les entreprises travaillant pour la guerre, comme Panhard-Levassor, Verdorelli-Priestlez, Malicet et Blin... Les raisons de ce mouvement sont de caractère salarial, les « cousettes » demandent une augmentation de 1 F par jour, tandis que dans les usines on revendique de 0,40 à 0,50 F de plus de l'heure. Le pouvoir d'achat avait en fait, à la fin de 1916, baissé d'environ 10,5 % par rapport à l'avant-guerre. Ce mouvement de revendications n'était toutefois pas uniquement conjoncturel : le 1er mai 1917 traduisait à son tour qu'il existait bien une certaine fermentation sociale. Les 1er mai 1915 et 1916 étaient passés à peu près inaperçus. Mis à part une publication comme *l'Union des métaux,* les documents socialistes et syndicalistes étaient dans l'esprit de l'union sacrée. Sauf dans de rares syndicats, comme celui des terrassiers, on n'avait appelé à aucun arrêt du travail. Par exemple, le 1er mai 1915, le syndicat des mineurs de Carmaux se refusait à suspendre « *même pour un jour* » l'extraction du charbon « *si nécessaire à la défense nationale* ». Le 1er mai 1916, la Commission exécutive du Syndicat des métaux indiquait que « *pas plus que l'année dernière à pareille date, il ne saurait être question, cette année, de faire appel à nos camarades pour chômer le 1er Mai* »[16]. Au total on n'avait compté que 6 à 700 « chômeurs », c'est-à-dire *grévistes*, le 1er mai 1915 dans la région parisienne et 1 500, le 1er mai 1916, principalement dans le bâtiment. Une réunion du comité intersyndical des métaux, le 1er mai 1916, rassembla 120 personnes... ! Or le 1er mai 1917 à la surprise de la Préfecture de police et des organisateurs, il y eut 10 000 grévistes dans le bâtiment et l'habillement, alors qu'on en prévoyait deux à trois mille. Un meeting convoqué par le *Comité de défense syndicaliste*, de tendance pacifiste, rassembla entre 5 000 et 10 000 personnes dont une partie participa à une manifestation sur les Grands Boulevards, où on entendit des cris de « *A bas la Guerre* ». Il y eut aussi des réunions plus nourries que d'habitude dans quelques villes de province.

Dans ce même mois de mai 1917 un deuxième mouvement gréviste se développait. Partant à nouveau de la haute-couture, il gagnait toutes les professions de l'habillement, et, à la fin du mois, une série d'établissements qui travaillaient pour la défense nationale, en particulier les usines d'aviation. La région parisienne ne fut pas seule concernée : plusieurs centres industriels de province furent touchés : à Toulouse les grèves furent très importantes et tumultueuses en particulier à la cartoucherie et à la poudrerie.

Si la région parisienne retrouva son calme après une forte agitation — au moins 160 000 grévistes —, les grèves continuèrent de façon sporadique pendant le mois de juillet 1917 dans différentes villes de province.

Au mois d'août l'agitation commença dans le bassin de la Loire, la région industrielle la plus importante pour la défense nationale, et de grandes grèves y eurent lieu au mois de novembre.

Cette poussée gréviste de l'année 1917 pose une première question sur l'attitude du monde ouvrier. Etait-il admissible de faire grève en temps de guerre, d'autant que si l'arrêt de travail des employés de la haute-couture n'était pas de nature à entraver la défense nationale, il n'en allait pas de même pour les usines de guerre ? N'était-ce pas une rupture caractérisée du consensus national ? N'était-ce pas franchir un interdit moral ? Souvenons-nous des mineurs de Carmaux refusant de priver l'économie nationale de leur production, même pour un jour !

Il est vrai que, malgré l'importance de ces mouvements, les grévistes n'ont représenté qu'une faible minorité du monde ouvrier français. Combien de centres ouvriers n'ont été en rien touchés ? Il n'empêche. Si l'on tient compte de l'absence d'effet d'entraînement d'une ville à l'autre — la censure veillait de près à ce que les journaux ne parlent pas des grèves, tout au moins quand elles concernaient des usines travaillant pour la défense nationale — et on sait l'importance de l'effet de boule de neige dans le développement d'un mouvement social —, on peut considérer que le malaise était assez répandu. Pour un gréviste, combien l'auraient imité s'ils l'avaient pu, s'ils avaient osé, s'ils avaient su ?

Il faut donc particulièrement s'interroger sur la signification de ces grèves.

Peut-on d'abord y déceler des aspects révolutionnaires, ou au moins pacifistes ? Un révolutionnaire français, Henri Guilbeaux — mais il était alors en Suisse — a affirmé que ces grèves étaient le témoignage de l'esprit révolutionnaire du peuple lassé d'une guerre pour des motifs impérialistes, et il est rejoint par un auteur d'extrême-droite, Maxe, qui y voit la « main » des révolutionnaires. En vérité bien peu d'éléments objectifs viennent conforter ces points de vue. Il est vrai que dans des manifestations, par exemple à Toulouse, on a brandi des drapeaux rouges, chanté l'*Internationale*, que dans les correspondances lues par le contrôle postal — il ne s'appliquait pas qu'aux lettres des soldats — au mois de juin, beaucoup de Parisiens manifestaient leur inquiétude — pas leur espoir — devant des manifestations dont ils craignaient qu'elles débouchent sur des émeutes, sur une explosion, sur une révolution. Même ces lettres ne font guère état de projets révolutionnaires, elles mettent l'accent sur les difficultés de la vie, sur le manque de charbon, sur la hausse des prix. En d'autres termes, ces lettres très craintives comprennent les raisons des grévistes, même quand elles ne les approuvent pas. En fait ces grèves ont bien été provoquées par la situation des salaires : on l'a vu pour la première vague de grèves en janvier. Or la situation avait fortement empiré dans les semaines suivantes. L'indice du coût des treize denrées alimentaires principales était passé à Paris de 100 en juillet 1914 à 136 en janvier 1916, ce qui représentait plus d'un pour cent par mois. Au vu des circonstances cela pouvait paraître modéré d'autant, qu'une relative stabilisation eut lieu en 1916. Mais en 1917, ce fut une véritable flambée. Le même indice saute de 139 en janvier à 183 en juillet. Entre avril et juillet 1917, le rythme annuel d'augmentation fut de 100 %.

Le déroulement des grèves montre bien l'importance du motif salarial. En général de courte durée, elles cessaient aussitôt que des augmentations avaient été obtenues. Le mouvement n'a en rien été coordonné d'une entreprise à l'autre. Dans chacune la grève se faisait de façon assez spontanée, et le travail était repris sans se soucier des autres. Quand certains dirigeants syndicaux, comme Hubert, du syndicat des charpentiers, ou Merrheim, voulurent orienter les grévistes vers l'action pour la paix, leurs « auditeurs » qui, dans le cas présent, étaient des auditrices, refusèrent de quitter le terrain « économique ». Ces mouvements furent en effet assez largement féminins. Or ces femmes en grève, souvent travailleurs récents, sans tradition syndicale, réagissaient à peu près uniquement en fonction de leurs salaires et de leurs horaires de travail. La revendication de la « semaine anglaise » leur tenait — on le conçoit — particulièrement à cœur.

Il faut pourtant nuancer : si dans la Seine les mouvements de grèves ont été lancés par les cousettes, relayées ensuite par les « munitionnettes », si à Toulouse ce sont les ouvrières de la poudrerie et de la cartoucherie qui se sont mises en évidence, cela tient aussi à la prudence dont faisaient preuve les ouvriers employés dans les usines de la défense nationale. Ils restaient mobilisés et couraient donc le risque d'être renvoyés au front s'ils participaient à des mouvements sociaux. D'où des statistiques faussées et une modification du rapport réel ouvriers-ouvrières dans les grèves. Au surplus, le mouvement social connaît un tournant à partir du mois de juin où il devient plus masculin, et les slogans pacifistes plus fréquents. Sa relative décrue pendant l'été et l'automne 1917 coïncide très vraisemblablement avec une évolution de sa nature[17].

Pour comprendre la rapidité du règlement, souvent un ou deux jours, de chacun de ces conflits sociaux, il faut également souligner l'action des pouvoirs publics. Comme nous l'avons déjà vu, Albert Thomas s'était employé à mettre en place une procédure de conciliation et d'arbitrage, dont un des éléments importants était l'institution de *délégués*. La définition de leur rôle, leur désignation souleva de très nombreux problèmes, et ce fut seulement le 28 août 1917 qu'un règlement définitif fut mis au point chez Renault et signé en présence d'Albert Thomas par Louis Renault et deux ouvriers. Pour Albert Thomas, il allait être présenté comme un règlement-type et diffusé dans toutes les entreprises travaillant pour la défense nationale[18]. Que les expériences d'Albert Thomas aient été difficilement admises à la fois par le patronat qui y voyait une intrusion dans ses affaires et par les syndicats qui y voyaient une sorte de domestication de leurs organisations, une collaboration de classes, c'est l'évidence. Ces procédures n'en jouèrent pas moins un grand rôle dans le règlement de nombreux conflits, d'autant que les pouvoirs publics faisaient volontiers pression pour que satisfaction soit donnée aux demandes ouvrières. Les rapports sociaux ont donc pris en 1917 un tour assez ambigu ; le climat n'est plus le même, sans que l'on puisse encore apercevoir les signes d'une rupture du consensus national. Que des ouvriers défendent leurs intérêts n'était pas en soi si étrange alors que des industriels travaillant pour la guerre amassaient des fortunes considérables.

La réaction face aux révolutions russes confirme cette attitude. L'opinion avait dans son ensemble bien reçu la nouvelle de la première révolution russe. Elle en avait gommé l'aspect « révolution sociale » pour ne voir ou ne vouloir voir que la chute d'un pouvoir discrédité et incapable. La guerre n'allait-elle pas être menée de façon plus efficace du côté russe ? L'opinion française ne s'est pas davantage attardée sur les aspects « russes » ou sociaux de la révolution d'Octobre ; elle n'y vit que le risque de sortie de la guerre de la Russie et la menace de l'assaut de la totalité de l'armée allemande contre la France. Elle n'avait d'ailleurs pas attendu ce moment pour être convaincue que l'on ne pouvait plus compter sur la Russie, que l'anarchie était maîtresse dans ce pays. Les espoirs en une Russie régénérée occupant une place plus grande dans la lutte contre l'Allemagne n'avaient été que feu de paille. Mis à part un certain nombre de militants, il n'y avait pas eu de ce point de vue de différence entre l'opinion française globale et celle des ouvriers. Ces derniers, comme l'ensemble de la population, furent beaucoup plus soucieux du risque que les événements de Russie faisaient courir à la défense de la France qu'heureux de saluer en eux l'aube de leur libération. Au cours de l'automne 1917, il ne se trouva pas un seul informateur de la préfecture de police pour rapporter un propos favorable à la révolution bolchevique. On ne peut en déduire que tous les ouvriers parisiens aient été hostiles à la révolution russe, mais que le courant d'hostilité était si grand que personne n'osait en prendre publiquement le contre-pied.

La Révolution en 1918 ?

1917, « l'année trouble », l'année de tous les périls ; 1918, l'année de la victoire. On pourrait résumer ainsi la façon dont a été reconstruite postérieurement l'histoire des deux dernières années de la guerre. La réalité a été bien différente. Si la défaite a été une hypothèse plausible, ce fut en deux circonstances, dans les premiers jours de septembre 1914, et au printemps 1918. La même erreur de perspective existe en ce qui concerne le risque de rupture du consensus national : 1917 est considérée comme l'année où l'agitation ouvrière a failli compromettre la défense nationale, 1918 comme celle où la société rassemblée a communié tout entière dans la victoire. Là encore la réalité fut bien différente. Alors qu'en 1917, l'agitation sociale effleura à peine le problème de la paix et se garda à peu près totalement de toute dérive politique, en 1918, le pacifisme, voire le défaitisme, fut au cœur du mouvement social.

Les grèves de 1918 ont été occultées par l'euphorie de la victoire et, sur le moment, par l'efficacité de la censure, car elles n'avaient plus le caractère un peu folklorique, sinon toujours bon enfant, des grèves de « cousettes » de l'année précédente dont les journaux s'étaient faits dans une certaine mesure l'écho. Elles n'en ont pas moins été à la fois très différentes et beaucoup plus importantes que celles de l'année précédente.

Ce ne furent plus des grèves « de femmes », même si les ouvrières y ont participé. Les ouvriers en prirent la direction, y compris des ouvriers mobilisés, au risque d'être renvoyés à l'armée.

Elles ne furent pas spontanées, mais inspirées par la fraction extrémiste du mouvement syndical, le *Comité de Défense syndicaliste.* Elles auraient dû être coordonnées, même si dans la pratique elles ne le furent guère ; les grèves de la région parisienne se terminèrent (18 mai) quand celles de la Loire débutaient. En fait les dirigeants révolutionnaires se révélèrent incapables de contrôler et de diriger réellement le mouvement.

Elles furent à peu près uniquement le fait d'un des secteurs les plus prolétariens du monde ouvrier, celui de la métallurgie, mais, dans la conjoncture, c'était le secteur clef de l'industrie, puisqu'une grande partie des usines de guerre en relevait.

Elles furent géographiquement localisées, mais mirent en cause les deux principales régions de l'économie de guerre, la région parisienne et la région de la Loire. Cette dernière n'avait guère « bougé » jusqu'à la fin de 1917 et sa « mise en marche » fut donc d'une importance particulière.

Elles furent, sans ambiguïté, politiques : tant dans les appels des meneurs parisiens que dans ceux de la Loire, les revendications salariales étaient déclarées secondaires, voire sans objet. Ce qui était essentiel, c'était de mettre fin à la *« boucherie »*, à l'*« hécatombe »*, au *« carnage »*, au *« massacre »*. Ce furent des grèves pour la paix. A Paris, l'objectif minimum était d'obliger le gouvernement à dire quels étaient ses buts de guerre ; dans la Loire, les orateurs proclamèrent *« la grève jusqu'à la paix »*. Ces grèves n'ont pas manqué non plus dans certains cas de connotations révolutionnaires. Dans la Loire en particulier, dans plusieurs discours, il fut nettement fait référence aux bolcheviks, à Lénine...

Elles furent massives : les ouvriers des entreprises concernées, après avoir quitté le travail, participèrent en grand nombre aux meetings et aux manifestations.

Peut-on pour autant considérer que l'unité de la société française fut rompue en ce printemps 1918, qu'une fraction, certes minoritaire de la population, s'était dressée, refusait de poursuivre la guerre, s'opposait à la majorité encore acquise à l'union sacrée, à la défense nationale ?

La réponse n'est pas simple. Première remarque, cette incontestable flambée ouvrière fut brève. Des mouvements de grève ou de vive agitation se sont également produits dans le Gard, dans l'Isère, dans la Nièvre, à Bourges, à Lyon..., mais ils ne durèrent au mieux que quelques jours. Cette brièveté qui rendit un peu ridicules les déclarations grandiloquentes sur la *« grève jusqu'à la paix »,* sur un mouvement irrésistible qui allait contraindre le gouvernement à dévoiler ses buts de guerre... montre que si les ouvriers ont assez facilement déclenché la grève, ils l'ont cessée aussi facilement. Il est vrai que pour une partie des grévistes des usines de guerre de la région parisienne et en particulier de Renault, la mise en grève se fit sur une équivoque à propos du rôle des *délégués.* Ceux-ci ayant appelé à la grève, beaucoup les suivirent, sans trop savoir les causes du mouvement, quitte à reprendre le travail dès le lendemain. Ceci explique en partie que le mouvement parisien s'affaiblissait déjà dans les usines qui avaient donné le signal, alors qu'il s'étendait encore dans d'autres entreprises, et cela sur seulement quatre jours... Il importe toutefois de ne pas majorer cette explication nécessairement marginale. L'échec très rapide de ces mouvements ressort de trois autres explications : l'habileté de la réaction gouvernementale, l'étroitesse de base sociologique et géographique et leurs objectifs contradictoires.

Contrairement à un a-priorisme habituel, le gouvernement Clemenceau, bien loin de réprimer avec brutalité, quitte à provoquer des réactions imprévisibles, manœuvra avec infiniment de souplesse, manifestant patience et prudence. Il avait estimé à sa juste valeur le caractère explosif de la situation, et il attendit pour faire procéder à des arrestations de dirigeants et au rappel à l'armée de grévistes..., le moment où le mouvement était sur le déclin. Il est d'ailleurs remarquable que la répression ne provoqua à peu près aucun mouvement de solidarité, alors que quelques mois ou quelques semaines auparavant, en particulier dans la Loire ou chez Renault, des mesures prises contre un dirigeant syndical ou un simple pacifiste avaient occasionné des troubles importants.

Deuxième cause d'échec, l'étroitesse de la base sociologique et géographique : contrepartie du caractère très prolétarien du mouvement, il resta presque uniquement, comme nous l'avons vu, celui d'une catégorie ouvrière, les métallurgistes, auxquels ne se joignirent que quelques ouvriers du textile et quelques mineurs. La spécificité du mouvement (qui ne concernait que les ouvriers qui travaillaient pour la guerre de façon directe), en fut en même temps la faiblesse. Il n'atteignit qu'une fraction du monde ouvrier.

La troisième cause de l'échec, l'aspect contradictoire de ses objectifs, fut toutefois la plus importante. Pour la première fois au cours de cette guerre, on assistait à une grève politique de masse dont l'objectif était de contraindre le gouvernement à la paix, et dans le prolongement, exprimé plus discrètement, de faire la Révolution. Dans les meetings un certain nombre d'orateurs n'hésitèrent pas à le dire. Néanmoins — contrairement aux bolcheviks qui, eux, croyaient, de façon d'ailleurs erronée, à la possibilité d'une révolution allemande simultanée —, cet argument ne fut pas utilisé. Dans la pratique cela signifiait que la paix ne pouvait passer que par la *défaite,* car, en ce printemps 1918, il était peu probable que l'Allemagne, à deux doigts de la victoire, accepte de faire la paix et de rendre ses conquêtes, y compris celles de 1870 ! En d'autres termes l'objectif fixé par les dirigeants de la grève — plus nettement d'ailleurs dans la Loire qu'à Paris — n'était concevable qu'associé au défaitisme. Or c'est là où se trouva la contradiction : même ceux qui étaient très vraisemblablement défaitistes n'osaient pas le dire et assuraient de leur volonté de sauvegarde du pays. Cette contradiction — ce ne sont pas les historiens qui l'ont mise en valeur par la suite —, les contemporains en ont eu clairement conscience. Les dirigeants « majoritaires » de la CGT ne cessaient de le dire, et plus significatif encore, un certain nombre de dirigeants « minoritaires ». Ce fut en effet le moment où l'homme qui, pendant toute la guerre, avait été la figure de proue du mouvement pacifiste, le secrétaire du syndicat des métaux, Alphonse Merrheim, que certains de ses adversaires avaient baptisé *« le pacifiste en chef des tourneurs d'obus »*, s'éloigna du Comité de défense syndicaliste. Il s'entremit et négocia activement avec le gouvernement pour mettre fin aux grèves parisiennes. Il est vraisemblable d'ailleurs que, dans l'attitude de Merrheim, la sorte d'impasse dans laquelle se trouvait le pacifisme n'était pas seule en cause et qu'il redoutait aussi une révolution de type bolchevique dont il rejetait les méthodes.

La contradiction du mouvement était de vouloir faire la paix sans en payer le prix. Pourquoi ? Parce que les dirigeants se rendaient compte que les masses ouvrières qui les suivaient pour réclamer la paix, les abandonneraient s'ils prétendaient les entraîner au-delà de la simple « manifestation » d'une volonté pacifique. L'immense majorité des ouvriers, comme l'ensemble de la nation, continuait de croire qu'il n'était pas de son intérêt de perdre cette guerre. Jean-Louis Robert en a apporté une démonstration remarquable en ce qui concerne les ouvriers parisiens : il a pu montrer que la courbe du nombre des grévistes se « moulait » parfaitement dans la chronologie des opérations militaires. Les grévistes étaient nombreux dans les périodes de calme, mais, *« chaque offensive allemande s'accompagne d'une chute brutale des grèves »* et il peut en conclure : *« Assurément, le sentiment de la primauté à la défense nationale reste dominant chez les ouvriers parisiens »*[19].

Nous avons dit précédemment que la répression

menée par le gouvernement Clemenceau contre un certain nombre de meneurs directs et indirects, comme Raymond Péricat, devenu le principal dirigeant du CDS, considéré comme l'inspirateur et le guide du mouvement, n'avait pas soulevé de réflexe de solidarité chez les ouvriers. Il est tout à fait vraisemblable que ce manque de solidarité fut l'expression d'un désaveu. L'accusation de défaitisme, de trahison, restait terrible. Les masses ouvrières se séparaient de ceux qui en étaient à tort ou à raison flétris. Rupture sociale en 1918 ? Non. Les ouvriers sont restés solidaires du reste de la communauté nationale. Ceux qui auraient franchi le pas n'étaient que peu nombreux, même parmi les grévistes. Comme l'a montré Max Gallo, à Bergerac et à Bourges, centres pacifistes assez entreprenants, les ouvriers politiquement actifs ne dépassaient pas 1 à 2 % du total[20]. Le danger majeur subi par la France au début de l'été 1918 face à la dernière ruée allemande, la conviction ensuite de la victoire à partir des mois d'août et de septembre, ont raffermi le consensus social. Les manifestations ont disparu, *« l'état d'esprit »* redevenait excellent. Il n'empêche que, dans la première partie de 1918, une vague révolutionnaire avait commencé à grossir, il a existé dans le monde ouvrier un noyau, très minoritaire mais incontestablement révolutionnaire. Le consensus national, véritablement pour la première fois depuis le début de la guerre, avait été soumis à de graves tensions.

Cette fissure de la société ne s'est pas élargie parce qu'elle restait encore masquée par la force du sentiment national. En aurait-il toujours été ainsi ? La violence des affrontements sociaux qui se préparaient semble prouver que c'est bien le sentiment national qui fut le dernier rempart du consensus.

Les soucis de l'Eglise

L'anticléricalisme, les haines des deux camps, laïc et « calotin », n'avaient pas disparu dans le miracle de l'union sacrée. La guerre s'éternisant, il devenait plus difficile de tenir, aussi bien au front que, moralement, à l'arrière. Chaque jour, dans sa rançon de morts, avait un goût plus amer. Certains cherchèrent alors des responsables. Pourquoi ne gagnait-on pas, alors que l'on était dans le camp du droit, alors que l'on se battait si bien ?

Certaines paroles imprudentes de prêtres ou de personnalités catholiques firent naître en 1915 une rumeur anti-catholique qui fut surnommée la « rumeur infâme ». On peut en retrouver l'origine dans la doctrine de l'expiation, mal comprise par certains non-chrétiens : la France mécréante, vautrée dans le péché avant la guerre n'était-elle pas punie ainsi ? On expiait dans la douleur les années tragiques de la séparation de l'Eglise et de l'Etat, de l'expulsion des congrégations religieuses, du relâchement de la morale. *« Je souffre, oui, je souffre, mais Fiat ! J'offre ma vie pour l'expiation de mes fautes et celles de la France. »*

Les évêques prennent soin de définir les différences entre l'expiation et la vengeance, car ils ont vu le parti que pourraient en faire les anticléricaux. *« Dieu veut châtier la France parce qu'il l'aime. »* Mais le sentiment de culpabilité, exploité trop vivement dans certains sermons, va être mal accepté. Par erreur verbale plutôt que par volonté réelle, d'aucuns vont souhaiter la défaite de la France en termes peu voilés : tel serait le prix à payer pour la purification définitive du pays de Monsieur Combes. Cela allait vraiment trop loin. Souhaiter le châtiment de la France, n'était-ce pas, même si ce n'était pas dit, désirer la victoire du Kaiser et de l'Allemagne ? Des paroles imprudentes invitant au repentir furent ainsi rapportées, transformées, et la justice elle-même dut s'en mêler. Quelques prêtres, accusés de défaitisme, furent condamnés. Puis des rumeurs de plus en plus hasardeuses furent colportées, elles nous paraissent aujourd'hui assez ahurissantes, mais dans le « bourrage de crâne » de l'époque, dans le sens exacerbé de la trahison, elles ont pu être crues de certains.

Edouard Poulain écrit alors un livre, *Réfutation décisive des 13 rumeurs infâmes*. Pour lui, *« seuls les ignorants, les imbéciles, les impies ou les boches »* avaient intérêt à propager des absurdités comme :

« 1) Les curés sont la cause de la guerre.

2) Les curés ont fait éclater la guerre pour se venger de la loi de séparation et renverser la République.

(...)

4) Les curés voyant le vide se faire dans leurs églises et les fidèles se soustraire à leur directive spirituelle, déchaînèrent la guerre pour faire refleurir la foi et reprendre le gouvernail.

(...)

12) Les curés ont intérêt à ce que les hostilités durent et se prolongent pour que les services funèbres nombreux, conséquence des tueries de la guerre, les enrichissent. »

On dit quelquefois que plus le mensonge est gros plus il a de chances d'être cru. C'est sans doute ce qu'ont voulu réussir les propagateurs des rumeurs. Ils étaient aussi aidés involontairement par l'activité inlassable des catholiques, qui, pour être utile, même indispensable à la bonne marche de la guerre, était bien trop voyante pour certains. L'Eglise semblait vouloir tirer du conflit des avantages de nature politique et les autorités ont toujours refusé de s'associer aux séances de prières publiques que les évêques appelaient de leurs vœux.

Enfin, l'attitude du pape n'arrangea pas les choses. Dès le début de la guerre, le pontife partagé entre ses « enfants » appartenant aux deux camps ne pouvait qu'en appeler au Christ, et à la paix. Cette neutralité de Pie X, puis de son successeur Benoît XV, était difficilement supportée par les Français. Ne pas choisir leur camp, n'était-ce pas déjà les trahir ? Ils avaient été agressés, et le droit était leur, que fallait-il de plus au pape ?

Tout au long de la guerre, Benoît XV va prêcher la paix ; or les Allemands occupent le Nord et l'Est de la France. S'ils ne passent pas, ils tiennent. Accepter une paix de compromis reviendrait à donner l'avantage aux Allemands. Le pape est vu comme germanophile, *« pontife du Saint-Empire »*, d'autant plus que l'Autriche-Hongrie très catholique a une représentation permanente au Vatican, ce qui n'est pas le cas de la France. L'offensive contre le pape prit son ampleur maximum après son *« Appel aux chefs des peuples belligérants en faveur de la paix »* du 1er août 1917. Les non-catholiques se déchaînent ; quant aux catholiques, ils sont une fois de plus déchirés entre l'allégeance à leur patrie et le devoir de se conformer aux désirs du chef de la hiérarchie de l'Eglise.

L'année 1917 était *« l'année terrible »* de la guerre, et le pape avait sans nul doute mal choisi son moment pour tenter une offre de bonne volonté, mais insupportable pour les belligérants. La communauté catholique française souffrit beaucoup de ce qui fut vu comme un faux pas, ou, pire, comme une trahison. Denys Cochin, représentant de la droite catholique dans le cabinet

Ribot, démissionne d'ailleurs au même moment, tirant les conséquences des duretés anticatholiques qui, pour lui, contredisent l'existence même de l'union sacrée.

« Pitié mon Dieu ! Vous êtes notre Père
A genoux, vos enfants sont en pleurs
Protégez-nous tout le temps de la guerre
Que nos soldats soient partout les vainqueurs
Pitié mon Dieu ! Pour la France coupable ! »

La fatigue des soldats

Par un phénomène presque mécanique, la prolongation de la guerre avait affaibli le consensus national sans le rompre, mais le danger qui le menaçait le plus était celui de la *fatigue,* cette fatigue qui pouvait insidieusement miner les volontés.

Les premiers à avoir ressenti cette fatigue, et c'était bien normal, furent les combattants. Les archives du contrôle postal montrent nettement à la fin de 1916 une perte de confiance et une extension du pessimisme[21]. La foi dans la victoire vacille, le fléchissement du moral est sensible. Néanmoins au début de 1917 on en constate le relèvement dû à la conviction d'entrer dans la dernière année de guerre grâce à l'offensive qui se préparait. L'entrée en guerre des Etats-Unis renforça ce sentiment, même s'il fallut peu de temps pour se rendre compte que les Américains ne pourraient jouer avant longtemps un rôle militaire réel. Ce redressement du moral n'allait pas cependant sans ambiguïté. Les raisons de récriminations étaient nombreuses, plaintes à propos de la nourriture, des conditions de « logement » en particulier au repos, des permissions, des « mercantis » qui sévissaient près du front, plaintes également contre le renchérissement des prix, contre les réquisitions et les taxations que ces soldats, souvent paysans, constataient quand ils se rendaient chez eux ou quand leurs proches leur écrivaient. On pouvait donc imaginer que le moral des soldats serait durement ébranlé par un grave revers.

Le général Nivelle qui avait remplacé le général Joffre à la tête de l'armée française était persuadé de détenir le secret de la rupture du front adverse et de ne pas risquer de renouveler en 1917 les batailles d'usure de 1916, celles de Verdun et de la Somme. Il avait fixé la date de l'assaut au 16 avril sur le Chemin des Dames. Les simples soldats ne connaissaient pas le détail des instructions qui circulaient dans les Etats-majors. Ils ne savaient pas qu'il était prévu qu'au bout de quelques heures toutes les organisations allemandes devraient être dépassées, et que dès le deuxième ou troisième jour, on pourrait exploiter la rupture du front adverse, mais ils en savaient assez pour penser que l'attaque décisive allait avoir lieu. Or dès le premier jour de la bataille, l'échec fut patent : les premières positions adverses avaient été conquises, comme d'habitude, mais ensuite on s'enlisa. La volonté de surprise avait rendu la préparation insuffisante, et la rupture apparut comme une utopie sanglante. En fait, depuis le début de la guerre, bien des opérations avaient été aussi sanglantes ou davantage que celle-là — 90 000 blessés et 40 000 morts au bout de trois jours tout de même ! — mais les espoirs complaisamment mis en elle rendirent l'échec de l'offensive du 16 avril moralement insupportable. Jusqu'à présent les échecs n'avaient conduit qu'à sanctionner les exécutants de second rang. Cette fois, dès le 15 mai, le général Nivelle était relevé de son commandement et remplacé par le général Pétain. Son principal collaborateur, le général Mangin qui, à la tête des troupes d'élite de la VIe armée, devait porter le coup décisif, connaissait le même sort. La désillusion avait brisé net la volonté combative des troupes, et c'est le 17 avril qu'eut lieu le premier incident collectif, la première *mutinerie* d'un groupe de soldats.

Les mutineries se déroulèrent pour l'essentiel dans la zone où avait eu lieu l'offensive, pour la plupart au mois de mai et au début du mois de juin. Elles se traduisirent principalement par des refus d'attaquer, mais non pas de se défendre contre les attaques adverses. Elles concernèrent à peu près uniquement des régiments d'infanterie. Ces règles générales souffrent évidemment des exceptions : certaines mutineries donnèrent lieu à des manifestations révolutionnaires, il arriva — rarement — que des officiers soient menacés, il y en eut dans d'autres secteurs que ceux de l'offensive d'avril, et la dernière se produisit au mois de janvier 1918.

Ces mutineries touchèrent de nombreuses unités, mais au total le nombre de participants fut assez peu élevé. Officiellement 40 000. A vrai dire, on peut se demander s'il a été très facile de dénombrer exactement les « mutins », d'autant que beaucoup d'officiers subalternes s'abstinrent de signaler des incidents dont ils pouvaient comprendre les motivations, et dont au surplus ils risquaient d'être tenus pour responsables.

Pour la plus grande partie de la hiérarchie militaire, comme le souligne Jean-Pierre Azéma[22], ces mutineries étaient le résultat de l'humanitarisme qui empêchait de commander avec l'énergie suffisante, de la faiblesse du pouvoir politique, et en particulier du ministre de l'Intérieur Malvy, et de l'action des socialistes ou autres pacifistes qui avaient organisé ces mouvements de l'arrière. L'idée que la conduite des opérations pouvait expliquer l'attitude des soldats resta parfaitement étrangère aux généraux, sauf au général Pétain. Ce dernier ne niait pas l'influence d'agents extérieurs (Malvy, les socialistes, le CGT, les parlementaires en mission...), mais il était convaincu que l'essentiel provenait de l'état d'extrême lassitude physique et morale des troupes, exacerbées par le mauvais régime des permissions, par les conditions matérielles de la vie des soldats, par les erreurs du commandement. D'ailleurs, comme l'a montré Guy Pedroncini[23], les enquêtes faites par des policiers, les rapports des officiers de troupes, les propos entendus par des soldats infiltrés dans les régiments « contaminés » ne donnent aucune autre explication que d'ordre « militaire ». Mieux, des unités où étaient repérés des soldats pacifistes n'ont pas bougé et la propagande pacifiste a continué avant comme après les mutineries. Sans vouloir pousser trop loin le paradoxe, on en arrive à la conclusion qu'il n'y a guère de corrélation entre le mouvement pacifiste, qui existait certes et qui avait des prolongements à l'armée, et les mouvements d'insubordination. Si on ajoute encore que l'étude sociologique et politique des « mutins » qui ont été dépêchés devant les conseils de guerre prouve que ni socialement, ni géographiquement, ni sur le plan de l'âge, ni par l'appartenance à un groupe politique et syndical, il n'est possible de tirer quelque conclusion que ce soit, il semble bien que l'affaire soit entendue. Les mutineries ne peuvent être considérées comme la manifestation d'une rupture de la communauté nationale. S'il en avait été autrement, un processus de type russe se serait engagé, c'est-à-dire que l'armée serait devenue incapable de continuer la lutte. C'est le contraire qui s'est produit. Assez vite les désordres les plus graves ont cessé, les trains de permissionnaires, qui avaient souvent porté loin à l'arrière l'agitation de l'avant, ont retrouvé leur calme ; plus lentement, les soldats ont même repris l'habitude de saluer les officiers de l'arrière, pour lesquels ils avaient souvent le plus grand mépris. L'armée surtout a retrouvé sa capacité combattante, et dès octobre, le général Pétain pouvait exorciser le souvenir des mutineries en faisant attaquer dans la région du Chemin des Dames. Pourquoi en fut-il ainsi ? Le retour au calme et à la discipline pouvait être mis au bénéfice de la violente répression subie par les mutins. En réalité les mutineries ont très largement cessé, tout au moins diminué d'ampleur, avant que la répression n'ait eu le temps d'avoir lieu. Comment d'ailleurs saisir des mutins armés au milieu de troupes mutinées ? Assez curieusement, la répression ne pouvait avoir réellement lieu que lorsque la discipline serait revenue ou largement revenue. On s'accorde aussi à reconnaître que la répression fut modérée, compte tenu des circonstances (554 condamnations à la peine de mort, mais une cinquantaine d'exécutions, pour 30 à 40 000 mutins).

Le retour au calme fut en fait la conséquence de deux types de mesures : celles concernant la vie des soldats (augmentation du rythme des permissions, amélioration des conditions de repos, amélioration de la nourriture...), celles concernant les méthodes de guerre. Convaincu qu'on ne pouvait vaincre sans une grande supériorité numérique et matérielle (chars, aviation), Pétain était décidé à cesser les offensives stériles de ses prédécesseurs, et, en attendant, de se contenter d'attaques limitées utilisant des moyens suffisamment considérables pour permettre d'obtenir des résultats sans sacrifier inutilement un grand nombre d'hommes.

Les mutineries avaient été la conséquence de la

grande fatigue d'une armée qui avait depuis longtemps l'impression d'être commandée de façon déplorable, elles n'étaient pas de caractère révolutionnaire. Elles auraient peut-être pu le devenir, s'il ne s'était trouvé un chef pour savoir « gérer » cette crise et la faire finalement déboucher sur un renforcement moral de l'armée, une armée qui ne croyait plus aux faiseurs de miracles, mais était décidée à tenir tant qu'il le faudrait.

Les flottements de l'opinion

Les civils n'étaient pas soumis aux mêmes contraintes que les combattants du front, mais il n'y avait pas de coupure tranchée entre le front et l'arrière : le front fut une *« presqu'île plus qu'une île »*, comme l'a remarqué Stéphane Audoin-Rouzeau[24], et la fatigue des soldats ne pouvait manquer d'être corroborée par la fatigue des civils. Les généraux, qui voyaient dans les mutineries un mouvement révolutionnaire organisé depuis l'arrière, n'avaient pas compris que l'existence de la communauté nationale rendait obligatoire que l'avant et l'arrière évoluent avec un certain parallélisme. C'était en quelque sorte la rançon du consensus.

On connaît assez bien l'état moral des Français au printemps 1917 puisque le ministre de l'Intérieur, qui sentait l'opinion lasse et désorientée, avait demandé à la totalité des préfets, par un télégramme du 10 juin 1917, de lui rendre compte de l'état d'esprit dans leurs départements respectifs. D'après les cartes établies par les services de l'armée à partir des réponses faites, seuls trois départements obtenaient la meilleure note pour le moral des villes et des campagnes, dans 30 départements le moral n'était qu'*« assez bon »,* dans 29, *« médiocre »* et dans 8 *« mauvais ».* Si on ne considérait que le moral des « villes », c'était 15 départements où il était jugé « mauvais ». Au total dans 44 départements, pour lesquels les réponses des préfets étaient exploitables, donc plus de la moitié, le moral était ou totalement ou partiellement mauvais. Le constat était d'autant plus grave que, par habitude, les préfets ont plutôt tendance à embellir la situation qu'à la noircir !

Il s'agissait bien sûr de moyennes, et établies de façon assez empirique, les techniques de sondages n'existant pas. D'un département à l'autre, et, à l'intérieur d'un département, d'une ville à l'autre ou d'une région à l'autre, les attitudes pouvaient être très différentes. Il en allait ici comme de tout phénomène social. Néanmoins, ce qui avait caractérisé l'attitude des Français depuis le début de la guerre, ce qui avait été le plus remarquable — la communion dans la volonté de la défense nationale — était profondément troublée. Les préfets, sauf cas d'exception, ne s'inquiètent pas de l'attitude des populations des campagnes — au pire on parle de « découragement » comme dans l'Allier —, mais beaucoup plus de celle des populations des villes, en particulier industrielles : non pas qu'ils craignent sérieusement des manifestations révolutionnaires, mais ils redoutent au moins de l'agitation, d'autant que certaines villes ont démesurément grossi et qu'une partie de leur population est formée de « déracinés » amenés là pour les besoins des fabrications de guerre : 35 villes d'importance diverse sont considérées comme « contaminées » suivant l'expression employée alors.

Quel était donc le degré de fermeté de l'opinion pour poursuivre la guerre, ou, au contraire, était-elle arrivée au point de souhaiter la paix, et à quel prix ?

Les archives des Commissions de contrôle postal permettent de répondre en partie à cette interrogation, en tenant compte de méthodes statistiques assez peu élaborées.

Comme l'a fait remarquer Jean-Baptiste Duroselle[25], on peut parler de *« tornade pacifiste »* en cette fin de printemps 1917. La synthèse des lettres lues par la commission de contrôle de Bordeaux du mois de mai corrobore cette appréciation : *« La question de la fin de la guerre passionne l'opinion, la presque unanimité des correspondances la fixe à une date rapprochée, avant l'hiver 1917. On n'est pas très difficile sur les conditions. Une grande lassitude se fait jour dans presque toutes les lettres. C'est l'impression dominante. »* Mois de juin : *« Tout le monde en a assez » ;* mois de juillet : *« Ce qui domine, c'est un découragement, une lassitude vague ».*

Les contrôleurs, en fonction du contexte des lettres, ont divisé l'aspiration à la paix en quatre catégories : *« désir de paix sans précision », « paix victorieuse », « paix blanche »* (ce que les contrôleurs appellent *« paix boiteuse »*), *« paix à tout prix »*. Cette dernière catégorie était celle qui rassemblait les défaitistes, puisque *« à tout prix »* envisageait évidemment que la paix puisse être le résultat de la défaite...

Les tableaux établis alors montrent bien que l'opinion dans son immense majorité souhaitait la paix, mais la nature de la paix souhaitée restait tout à fait différente suivant les uns et les autres. Le pourcentage des « défaitistes » y était extrêmement minoritaire, même s'il n'était pas négligeable (5,29 % en juin). Il est significatif qu'il ne cesse de décroître pendant l'été : 4,40 % en juillet, 3,11 % en août, 1,05 % en septembre. Le pourcentage des partisans d'une paix blanche nettement plus élevé (13,13 %), en juin, s'affaisse en juillet et en août également, mais remonte brutalement en septembre (17,06 %). Quant aux partisans d'une paix victorieuse, ils sont dans tous les cas les plus nombreux : faiblement en juin, 34,47 %, plus nettement en juillet et en août, avant que leur nombre diminue de nouveau en septembre, 29,19 %.

L'incertitude tient à ce que, dans la grande majorité des cas, le désir de paix énoncé dans les lettres lues par le contrôle postal n'était pas qualifié. Que voulaient véritablement ceux qui souhaitaient simplement la paix (47,09 % des lettres évoquant la paix en juin, 40,42 % en juillet, 45,29 % en août, 52,68 % en septembre) ?

L'opinion — malgré sa lassitude — restait très vraisemblablement majoritairement favorable à la victoire, mais sa dépression avait été très forte en juin et en septembre. L'échec de l'offensive du Chemin des Dames, les troubles sociaux expliquent la dépression de juin. La dépression de septembre, qui se poursuivit et s'amplifia jusqu'à la fin de l'année, est — elle — d'une nature différente, moins conjoncturelle, traduisant davantage une mutation de l'opinion. Le redressement de l'été avait été lié à l'amélioration du moral de l'armée, à la fin des mutineries, à l'arrêt de la crise sociale, mais à l'approche de l'automne, puis de l'hiver, les raisons de pessimisme ne manquèrent pas. D'abord les incertitudes politiques, la démission de Malvy, le gouvernement éphémère de Painlevé, bientôt renversé par la Chambre des députés. L'arrivée au pouvoir de Clemenceau ne fut pas suffisante, dans l'instant, pour redonner confiance à l'opinion, car il serait erroné de reporter sur le moment de son accession au pouvoir l'immense popularité que lui valut par la suite son identification à la victoire. Très rapidement son énergie devait impressionner, mais initialement le personnage était controversé. Même sans tenir compte de ses préventions personnelles, Poincaré avait beaucoup hésité à l'appeler à la direction du gouvernement. On comprend donc que l'appel à Clemenceau n'ait pas agi comme une sorte de choc électrique, et qu'au contraire cette succession très rapide de présidents du conseil depuis le début de l'année ait désorienté l'opinion. Les conditions de la guerre, ensuite, étaient fort inquiétantes : on savait maintenant que l'aide américaine ne serait pas effective avant encore pas mal de temps, et, avant même qu'ait lieu la révolution bolchevique, l'opinion avait pris conscience qu'on ne pouvait plus compter sur la Russie. Il n'était pas besoin d'être grand stratège pour en imaginer les conséquences sur la guerre. Bientôt le désastre italien de Caporetto vint encore s'ajouter aux raisons de douter.

Que le moral des Français dans ces conditions ait connu une nouvelle dépression à l'automne 1917 n'est donc pas très étonnant. Ce qui l'est davantage est que l'histoire ait retenu la dépression de juin et guère celle de l'automne. Première explication, cette dépression de l'automne ne se présente pas sous forme de crise : outre un calme, relatif du moins, dans les usines, l'armée n'est pas affectée, et la tenue des soldats à l'arrière ne cesse de s'améliorer. Seconde explication, il s'agit moins d'une dépression que d'un nouvel équilibre, un équilibre qui devait être celui de la première moitié de 1918, un équilibre dont il ne faut évidemment pas exagérer la stabilité, une sorte de « morosité patriotique » : la prolongation de la guerre est déplorable, mais il n'y a pas moyen d'y mettre fin parce que, pour la majorité des Français — et le gouvernement Clemenceau en est bien l'expression — il n'est pas question d'accepter la défaite. Dans l'immédiat on voit de moins en moins pourtant comment on pourrait vaincre. Une situation sans issue à terme bref, on n'ose plus imaginer quand cette guerre pourrait finir. Cela n'avait évidemment pas de quoi provoquer l'enthousiasme, mais l'opinion était pourtant *résignée* à tenir. Il est malgré tout significatif qu'après les graves alertes provoquées par les assauts allemands du printemps 1918 et malgré la confiance retrouvée à la suite de l'échec de la dernière offensive allemande de juillet 1918, ce ne fut guère avant les toutes dernières semaines précédant l'armistice que la possibilité de la fin de la guerre fut de nouveau évoquée : la puissance allemande avait tellement impressionné qu'on ne pouvait imaginer l'adversaire s'écroulant à bref délai.

La force du consensus établi au début de la guerre de 1914, peut se mesurer *a contrario* par la violence des assauts qu'il a subis, et auxquels il n'a finalement pas cédé. Péripéties politiques, mouvements militaires, lassitude de l'opinion devant une guerre interminable et apparemment sans issue, mise en cause des bases traditionnelles de la société française et de son fonctionnement, rien n'a manqué pour le faire éclater et laisser à sa place une sorte de champ de ruines social. En apparence il n'en fut rien, et la victoire donna l'impression de redresser encore la communauté nationale. Mais n'était-ce pas une apparence ? Les épreuves communes avaient-elles véritablement donné un nouveau départ à l'unité du pays, avaient-elles fait prendre aux Français conscience plus nette de l'existence d'une entité nationale ou, au contraire, la guerre n'allait-elle pas être à l'origine de nouvelles divergences, de nouvelles divisions ?

LES PROLONGEMENTS DU CONSENSUS

La communion nationale
Le 11 novembre 1918

La victoire ne pouvait manquer dans un premier temps d'être l'occasion d'une grande poussée de sentiment national.

Innombrables ont été les récits montrant ce que fut l'ampleur du 11 novembre 1918. Comme l'a résumé Pierre Renouvin, *« la joie exaltante ; la fierté d'avoir pu venir à bout d'un ennemi qui avait si longtemps accumulé les succès militaires ; la consolation qu'apporte à celles et à ceux qui ont eu la plus lourde part des sacrifices et des souffrances la certitude que leur douleur n'a pas été vaine ; le soulagement que donne à chacun, après la traversée d'un long tunnel, le retour à la lumière : ce jour est celui d'un enthousiasme vibrant ; il paraît être aussi celui d'un élan national unanime »* [1].

— Que ce soit au Parlement où, au milieu d'acclamations frénétiques, Georges Clemenceau vient annoncer la victoire : ... *« Et puis honneur à nos grands morts qui ont fait cette victoire ! (...) et quand nos vivants, de retour sur nos boulevards, passeront devant nous, en marche vers l'Arc de triomphe, nous les acclamerons. Qu'ils soient salués d'avance pour la grande œuvre de reconstruction sociale. Grâce à eux, la France, hier soldat de Dieu, aujourd'hui soldat de l'Humanité, sera toujours le soldat de l'Idéal. » « Rien ne saurait décrire l'enthousiasme et le frisson sacrés qui ont secoué toute l'Assemblée, hémicycle et tribune, quand les députés, debout, ont entonné La Marseillaise »*, commentait le *Temps* du 12 novembre,

— que ce soit dans les rues de Paris où *« tous les visages sont ivres de joie »*, rapporte un observateur de la Préfecture de Police : pendant deux jours les 11 et 12 novembre, sur les boulevards et les places *« noires de monde »*, une extraordinaire fête se développe, favorisée par le beau temps : *« ... les gens marchent ou courent dans les rues comme des fous, rient, pleurent, chantent, hurlent, se donnent la main et partent en farandoles endiablées. (...) Partout la liesse, partout la démence »*[2],

— que ce soit dans les villes de province : à Clermont-Ferrand, *« L'enthousiasme a dépassé toute imagination (...) Sur Jaude la place est noire de monde. De longues grappes humaines s'accrochent aux murs du théâtre, envahissent les escaliers, grimpent sur les piédestaux des statues de Desaix et de Vercingétorix... »*[3],

— que ce soit dans le moindre village, comme à La Chapelle-Saint-Ursin (Cher) (450 habitants) : *« Les commerçants illuminent, les drapeaux sortent. De bons vieux pleurent. C'est une véritable exaltation pour ce petit pays tranquille... »*[4],

— que ce soit à Strasbourg, lors de l'entrée triomphale des troupes françaises..., ou à Metz lorsque, le 19 novembre, le président de la République et le président du Conseil (qui se détestaient) s'embrassent au milieu d'ovations inouïes après que le bâton de maréchal de France ait été remis au général Pétain, partout la France et les Français ont vécu un moment unique dans leur histoire, un de ces moments où la joie est telle qu'elle doit être partagée avec tous, connus ou inconnus.

Il n'est pas étonnant que ce sommet dans la vie de la communauté nationale n'ait plus jamais été égalé — on ne peut lui comparer ni les jours de la Libération, ni celui du 8 mai 1945 où, malgré la joie et l'enthousiasme, manquait cette composante indispensable du sentiment national, la *fierté*. Il n'est pas étonnant non plus que le 11 novembre soit devenu presque de façon spontanée une seconde fête nationale. Le 14 juillet ne s'est pas trouvé annulé, mais le 11 novembre possédait ce que le 14 juillet ne pouvait avoir complètement, le *sceau de l'unanimité nationale*.

Néanmoins le 11 novembre n'est pas devenu le 11 novembre sans difficultés.

La première concerne l'existence même de la journée. Fallait-il accepter de signer l'armistice sur le territoire français sans avoir porté la guerre sur le territoire allemand et sans que la défaite de l'Allemagne soit ainsi clairement démontrée ? Question qui n'est pas de pure scolastique et qui était de nature à gravement troubler l'unanimité nationale. D'autant qu'elle rejaillissait sur la conception de la paix qu'on voulait faire, et donc sur l'avenir du monde. Il avait été admis que les bases de la paix devraient être les 14 points de W. Wilson, mais cette paix « sans victoire », cette conception de la guerre menée pour l'établissement d'une sorte de démocratie idéale, était loin de faire l'unanimité : même aux Etats-Unis, des Républicains, comme Cabot Lodge ou Théodore Roosevelt, estimaient qu'on faisait la guerre pour écraser l'Allemagne. Cette conception « de droite » de la paix, comme l'a dénommée l'historien américain Arno Mayer, était celle des nationalistes en France, en Grande-Bretagne et dans une certaine mesure celle du gouvernement Clemenceau. Cette divergence à l'intérieur du camp allié a conduit les Allemands, quand ils voulurent ouvrir des discussions sur un éventuel armistice, à s'adresser de préférence à Wilson. De son côté le président des Etats-Unis, considérant qu'il était l'associé et non l'allié de ses partenaires, mena ces conversations par échange de notes avec les autorités allemandes sans se concerter avec la France et l'Angleterre.

Ces discussions durèrent tout le mois d'octobre 1918 et provoquèrent des supputations de toutes sortes à partir du 6 octobre où la demande d'armistice faite par l'Allemagne auprès du président américain avait été connue en France. D'après les observateurs de la Préfecture de Police[5], l'annonce de la proposition d'armistice fut une surprise pour la population parisienne et provoqua une très grande satisfaction, mais, dans un premier temps, la grande majorité de l'opinion sembla opposée à accepter un armistice avant d'avoir chassé les « Boches » des territoires envahis. Dans les jours suivants, l'opinion ne cessa de balancer entre deux propositions assez contradictoires et paradoxales. D'un côté on se voulait ferme envers l'Allemagne, il ne fallait pas faire preuve d'une quelconque bienveillance à son égard, il fallait qu'elle soit écrasée et soumise à des conditions de « vengeance ». Mais de l'autre, quand on avait l'impression que les négociations piétinaient, que l'armistice s'éloignait, la déception était incontestable à l'idée que la guerre allait encore se prolonger. En fait ce balancement de l'opinion est aisément explicable : d'un côté, la raison froide, un arrêt prématuré des combats ne permettrait pas de tirer de la victoire tout ce qui était souhaitable, mais de l'autre, comment après tant et tant de morts envisager d'autres morts sans nécessité absolue ? Néanmoins au fur et à mesure que les jours passaient, c'était la deuxième attitude qui l'emportait. Les partisans de la poursuite de la guerre étaient de plus en plus rares ; le 7 novembre une joie délirante s'était manifestée à l'annonce (fausse) que l'armistice était signé et le dimanche 10 novembre la foule, nombreuse dans les rues, attendait sans cesse d'entendre le canon qui annoncerait l'armistice.

L'attitude des journaux pourrait sembler dépendre de leurs options politiques : pour ne prendre que quelques exemples, un journal de droite, comme *L'Echo de Paris,* redoutait dans la demande d'armistice un piège permettant à l'armée allemande d'obtenir un répit, et soutenait qu'il était dangereux pour l'avenir de ne pas traiter sur le sol allemand, alors qu'un journal de gauche, comme *L'Œuvre,* poussait à accepter les offres allemandes, à partir du moment où les garanties militaires obtenues seraient suffisantes. A vrai dire, cette divergence est assez superficielle. Les journaux comme l'opinion sont partagés en eux-mêmes, avec une tendance grandissante à la conclusion la plus rapide possible de l'armistice.

Il n'est malgré tout pas inutile de scruter les attitudes des milieux dirigeants politiques et militaires. Au moment où l'armistice allait effectivement être signé à des conditions si contraignantes qu'elles rendaient impossible pour l'armée allemande la reprise éventuelle de la lutte, il y avait presque unanimité pour attendre cet armistice avec espoir, voire avec anxiété pour ceux qui n'imaginaient pas le gouvernement allemand acceptant des clauses aussi dures. Il n'en avait pas été ainsi au cours du mois d'octobre. La volonté de porter la guerre en Allemagne se manifesta, à vrai dire, relativement peu dans les milieux militaires, que ce soit autour du maréchal Foch ou de son chef d'état-major, le général Weygand, ou encore autour du général Pétain qui pourtant préparait l'offensive de Lorraine dont on attendait une grande victoire. Elle fut davantage le fait de ceux qui n'étaient plus au contact direct de la guerre, tels le général Mordacq, chef du cabinet militaire de Georges Clemenceau, qui, le 9 novembre encore, souhaitait que les pourparlers d'armistice n'aboutissent pas, ou le maréchal Joffre qui vint justement dire au général Mordacq qu'il faudrait occuper l'Allemagne jusqu'à l'Elbe. Ce fut vrai aussi d'un certain nombre de diplomates, les ambassadeurs à Londres Paul Cambon, ou à Washington, Jusserand, du président de la Chambre des députés, Paul Deschanel, qui, le 3 novembre, encore affirmait au président de la République que, si l'Allemagne renonçait à sa demande d'armistice, cela permettrait *« d'achever de la battre »*.

L'opposition la plus forte et la plus spectaculaire à la conclusion de l'armistice, même si dans l'immédiat elle ne sortit pas des sphères officielles, fut toutefois celle du président de la République, Raymond Poincaré. A plusieurs reprises, il écrivit à Georges Clemenceau pour le mettre en garde contre les risques d'un arrêt prématuré des hostilités. Le 7 octobre, il le prévenait contre le danger *« de couper les jarrets à nos troupes »*.

La réaction du président du Conseil fut très vive : « *Si vous ne retirez pas votre lettre écrite pour l'histoire que vous voulez vous faire, j'ai l'honneur de vous envoyer ma démission.* » Finalement Clemenceau ne démissionna pas, mais pria le président de la République de cesser de lui écrire !

Dans l'analyse qu'il fait de cet incident, et d'une façon plus générale de la controverse sur l'armistice « prématuré », Pierre Renouvin[6] a souligné que Poincaré redoutait davantage l'impossibilité psychologique de reprendre la lutte une fois l'armistice conclu qu'il ne souhaitait porter la guerre en Allemagne. D'un autre côté, ces considérations humanitaires sur la nécessité de ne pas faire tuer un soldat de plus que nécessaire pouvaient dissimuler d'autres préoccupations. En particulier, que la poursuite de la guerre se serait traduite par une diminution progressive de la place de l'armée française dans la coalition, au bénéfice de l'armée américaine, avec comme résultat que la victoire serait alors apparue comme moins nettement « française ». Chaque mois, chaque semaine même, le pourcentage de soldats américains en ligne augmentait. En tenant compte du poids déjà considérable pris par les Etats-Unis, il était donc de bonne politique de ne pas retarder l'arrêt des combats, si c'était possible.

En fait seuls les Allemands auraient pu provoquer la continuation de la guerre en refusant les conditions d'armistice alliées, mais aux prises avec une situation de plus en plus révolutionnaire à la fois dans le pays et dans l'armée, les nouvelles autorités allemandes ne se souciaient pas réellement de discuter les conditions imposées par les Alliés. Au début de novembre, les plénipotentiaires allemands auraient signé n'importe quoi, en faisant simplement remarquer qu'en désarmant l'Allemagne, les Alliés prenaient le risque de la livrer au bolchevisme, quitte à en être eux-mêmes les victimes ensuite.

Un des thèmes habituels de la propagande nationaliste allemande fut, par la suite, que l'armée n'avait pas été vaincue, mais poignardée dans le dos par la Révolution. A vrai dire, en fonction de la situation qui se développait en Allemagne, si les Alliés avaient porté la guerre sur le sol allemand, cet argument aurait encore eu davantage d'efficacité. En réalité aucun gouvernement allié n'aurait pu tenir en face de son opinion s'il avait entendu prolonger la guerre. On n'attendait pas une fin si proche : l'opinion y croyait pour 1919, mais à partir du moment où il était apparu que la cessation des hostilités était plausible, contraindre des troupes à se battre encore aurait été impossible. L'armistice pouvait difficilement être reculé.

En revanche, il n'était pas inscrit que le 11 novembre devienne une nouvelle fête nationale. Dans la pratique, cela ne se fit pas aisément. Que la victoire soit célébrée par une grande fête, une grande cérémonie, était dans l'ordre des choses, mais dans l'histoire humaine, on n'avait pas souvent choisi la date anniversaire de la fin des combats. Les Allemands célébraient la victoire dans la guerre de 1870 le jour de la bataille de Sedan, le Sedantag. En 1919, en fonction de la signature du traité de Versailles le 28 juin, le 14 juillet apparut comme une excellente date pour célébrer la victoire. Restait la question du lieu : il n'existait pas à Paris d'endroit particulier pour ce type de cérémonie. Depuis son achèvement en 1836, l'Arc du Triomphe de la place de l'Etoile n'avait guère servi, et, même sous le Second Empire, les armées victorieuses en Crimée et en Italie avaient défilé sur la place Vendôme. Raymond Poincaré, toutefois, avait souhaité que, pour effacer la

« souillure » de 1871, les troupes descendent les Champs-Elysées. Aussi, tandis qu'un grand cénotaphe était dressé sous l'Arc de Triomphe avec cette inscription *« Aux morts pour la Patrie »*, et qu'une veillée y avait lieu dans la nuit du 13 au 14, ce fut là que le 14 juillet 1919 un immense défilé de la victoire se déroula, comprenant les détachements de toutes les troupes alliées, y compris des Japonais[7], précédés de 1 000 mutilés de la guerre. Le 14 juillet aurait pu ainsi rester la seule fête nationale, ajoutant à la commémoration de la grande Révolution, celle de la Grande Guerre.

Mais dans différents pays, l'idée vint de commémorer spécialement le souvenir des combattants, et tout particulièrement de ceux qui, faute d'avoir été identifiés, ne pouvaient être honorés par personne : d'où la nécessité de choisir un soldat inconnu qui les représenterait tous. C'est en Angleterre que la réalisation fut la plus rapide. En France, ce fut le 11 novembre 1920 qu'un soldat inconnu fut transporté sous l'Arc de Triomphe. L'année précédente, le 11 novembre 1919, le premier anniversaire de la victoire y avait été aussi célébré. En revanche le 11 novembre 1921 tombait un vendredi. A la Chambre des députés une courte majorité avait été favorable à ce que le 11 novembre fût célébré à sa date exacte, mais le Sénat, considérant qu'il y avait déjà bien assez de jours fériés, décida que le 11 novembre serait fêté le premier dimanche qui le suivrait. La réaction fut très vive chez les anciens combattants, et l'année suivante la Chambre des députés et le Sénat décidèrent de faire du 11 novembre une *fête nationale :* ce fut donc le 11 novembre 1922 que la première cérémonie eut lieu, non plus seulement à Paris, mais dans la plupart des communes de France.

Le 11 novembre n'est donc pas devenu fête nationale sans controverses, et ce fut bien le résultat de la volonté des anciens combattants. D'où une interrogation : quelle est la nature de cette deuxième fête nationale ?

Antoine Prost a montré[8] qu'il y avait un certain paradoxe dans le 11 novembre fête nationale, puisqu'elle n'est au départ que la fête d'une partie de la nation, les anciens combattants. Ce sont en effet eux qui organisent les cérémonies, qui y appellent, qui en sont les principaux participants. Ce n'est pas une fête de la nation en tant que telle, une fête de la *victoire* de la nation. Non pas que dans les appels ou les discours auxquels le 11 novembre donne lieu, la victoire ne soit pas évoquée, mais elle n'est pas au centre du discours des anciens combattants. Il peut arriver d'ailleurs qu'elle ne soit pas mentionnée, mais quand elle l'est, elle ne l'est jamais seule, elle est toujours associée au souvenir des *« victimes du grand sacrifice »*. En quelque sorte plutôt que de célébrer de façon un peu rituelle la victoire, on rend essentiellement hommage aux combattants et aux morts, et subsidiairement on évoque la victoire qu'ils ont permise. Comme le dit encore Antoine Prost, *« on commémore l'armistice, c'est-à-dire la fin des combats, plus que la victoire »*. Ce qui implique toute une conception de ce que fut cette guerre. Guerre patriotique pour la *« défense »* du pays, et non guerre *« offensive »* visant à établir la supériorité française. Guerre de libération, et non guerre d'expansion. Le refus de la France d'accepter quelque consultation des habitants que ce soit à propos du *« retour »* de l'Alsace-Lorraine, l'expression même de retour, montrent bien que la guerre ne devait en rien être considérée comme une guerre de conquête. C'était la simple reprise d'un bien. Pas l'ombre d'un doute sur sa propriété. Position d'ailleurs surprenante, pour les non-Français d'une façon générale, et pour les négociateurs américains en particulier, car cela ne leur paraissait pas ressortir de l'évidence. Ils auraient préféré que la volonté des Alsaciens-Lorrains soit clairement affirmée par... eux-mêmes.

Il y a donc une incontestable originalité du 11 novembre dans cette façon d'en masquer l'effet politique, tout au moins de l'estomper, au profit du souvenir du *« carnage »*, de la *« tuerie »*. La victoire n'est jamais isolée, elle est sans cesse associée aux effroyables maux dont elle a été l'issue. La notion de guerre-épopée est à peu près absente au profit de celle de guerre-horreur. Les études sémantiques des discours prononcés à cette occasion font bien ressortir que les termes de *« gloire »* sont estompés au bénéfice des termes de *« souffrance »*. En définitive, pour les anciens combattants qui célèbrent le 11 novembre, s'ils sont heureux de la victoire — et célébrerait-on leur sacrifice s'il avait abouti à la défaite ? — le 11 novembre n'est pas le jour du triomphe, mais celui de la fin des combats, c'est-à-dire le moment où le risque de se faire tuer, où la pensée lancinante de sa mort prochaine, peut-être dans les minutes suivantes, cessaient, où toutes les souffrances matérielles et morales disparaissaient, où l'on pouvait commencer d'oublier la vie épouvantable qui avait été celle des mois précédents. En fait, l'essentiel de ce jour c'était bien d'en être « sorti vivant ». D'où l'importance de célébrer le 11 novembre à la minute précise, à 11 heures, où le cessez-le-feu avait été sonné. Quelques instants auparavant il y avait encore eu des morts. Cette joie d'être toujours de ce monde, qui fut le premier sentiment des combattants, peut être illustrée *a contrario* par l'attitude de ces soldats allemands, qui, le 11 novembre, sortirent joyeux de leurs tranchées et se portèrent vers les tranchées françaises afin que l'on célèbre en commun la fin des combats... !

La célébration du 11 novembre tendait tant à gommer la victoire, à mettre en évidence les horreurs de la guerre, qu'elle en devint assez vite une sorte d'exaltation de la paix, de la fin non plus de la guerre, mais *des* guerres. Dans beaucoup de textes concernant l'organisation du 11 novembre, il était bien précisé qu'elle ne devait pas être l'occasion de manifestations militaires, qu'il n'était pas prévu de défilé de troupes : ce n'était en rien la fête de l'armée, mais de ceux qui avaient *« échappé »* à l'armée. De ce qui aurait pu être une occasion d'exaltation nationale, de bellicisme, on passa à une fête de la paix, bien suprême. Ce glissement qui correspond bien au pacifisme qui a saisi aussi bien l'opinion de droite, que celle de gauche, une fois la victoire obtenue, en mettant davantage l'accent sur le prix payé que le résultat obtenu, n'allait évidemment pas sans conséquences psychologiques graves. Certains l'ont rapidement senti et ils ont protesté : pour eux, c'était une hérésie de faire des cérémonies du 11 novembre une fête des morts. Il aurait fallu au contraire que ce soit un jour de liesse, un jour d'exaltation nationale, qu'on acclame les soldats victorieux et non pas seulement les *anciens* combattants, que ce ne soit pas le « chrysanthème » qui domine. Ce point de vue restait toutefois minoritaire.

La place très vite prise par le 11 novembre dans la vie française peut être illustrée par un petit opuscule paru en 1923. L'auteur y proposait à ses lecteurs un certain nombre de discours types pour leur permettre de faire face aux circonstances, quand ils étaient conduits à prendre la parole[9]. On y trouve des discours de distribution de prix, de fêtes scolaires, d'obsèques, de cérémonies diverses et, parmi elles, tout naturellement, le 11 novembre. Nous ne savons pas quelles étaient les sympathies politiques de l'auteur, mais la thématique en est exactement celle décrite par Antoine Prost : la volonté de faire son devoir, les souffrances des combattants, mais aussi celles des familles suspendues aux nouvelles dans la lancinante angoisse de l'arrivée de la dépêche officielle annonçant la mort, les heures douloureuses, l'allégresse du 11 novembre parce que de tels cauchemars doivent être écartés pour les générations futures, l'horreur de la guerre, même si le cas échéant on ferait encore son devoir.

Au-delà d'ailleurs des interprétations qu'il est possible de faire du 11 novembre, une attention particulière doit être attachée à la perpétuation de sa commémoration, non seulement pendant l'entre-deux-guerres, mais après la Seconde Guerre mondiale. Que la « victoire » du 8 mai n'ait en rien effacé le 11 novembre, et que ce soit le 11 novembre qui ait tendance à effacer le 8 mai... ! montre bien que, très vite, ce jour est devenu un élément majeur du consensus national. Si l'on devait essayer de jauger le poids de la Première Guerre mondiale dans la conscience des Français, c'est vraisemblablement à travers le 11 novembre qu'il faudrait le faire. Que des deux fêtes nationales françaises, l'une commémore la « grande » Révolution et l'autre la fin de la guerre de 1914 prouve l'importance de l'événement, au point que, comme tous les grands événements qui ont marqué la conscience d'une nation, ils restent présents alors que ce qu'ils représentent est de plus en plus oublié par les nouvelles générations. Ils surnagent au-delà de l'oubli.

Le mouvement des anciens combattants

Par nature toute guerre produit des anciens combattants. Mais leur nombre était généralement faible pour les guerres du passé, parce que les effectifs mis en mouvement étaient restreints. Les anciens combattants ne pouvaient pas constituer un élément important de la société de l'après-guerre. Au surplus, soldats de métier, ou dans des périodes plus récentes, assimilés aux soldats de métier par la longueur du service, les survivants restaient, une fois la guerre terminée, des soldats. Il y avait bien des « anciens combattants », il ne pouvait y avoir un phénomène ancien combattant. Certes en 1871, après la destruction des armées impériales, il avait été fait appel à l'enrôlement de civils qui le redevinrent quelques mois plus tard, mais l'aventure fut brève, et son issue ne permettait guère à ces combattants de s'octroyer un statut particulier dans la communauté française. En réalité le seul phénomène un peu comparable se situe après les guerres de la Révolution et de l'Empire, avec les *demi-soldes,* cette masse d'officiers qui ne se consolaient guère d'avoir été rendus à la vie civile. Le nouveau régime aimait peu ces anciens officiers de Napoléon, et d'ailleurs n'avait plus besoin d'eux dans un pays qui ne visait plus la domination européenne. Malgré tout, il s'est agi d'un fait de société limité puisqu'il n'a concerné que moins de 20 000 personnes. En revanche les soldats libérés par la fin de ces guerres avaient pour la plupart réintégré leur condition première, celle de paysans, et ils furent les propagateurs de la « légende napoléonienne » dont les conséquences politiques ne devaient pas être négligeables au cours du siècle.

Par la force des choses le phénomène ancien

combattant après la Première Guerre mondiale devait être de proportions beaucoup plus considérables.

Le nombre de mobilisés pour l'ensemble de la guerre s'était élevé à un peu moins de 8 millions d'hommes. Environ 1 300 000 avaient été tués, auxquels il faut ajouter 150 000 autres décès, directement ou indirectement imputables à la guerre, à la suite de maladies contractées dans les formations sanitaires de l'intérieur, qui n'ont pas été comptabilisés avec les pertes de guerre. Il y eut donc environ 6 450 000 survivants, une fois la guerre terminée, qui peuvent en théorie être classés « anciens combattants ». A vrai dire il y a un certain excès à confondre mobilisés survivants et anciens combattants. Beaucoup de mobilisés n'avaient jamais quitté les services de l'arrière et n'avaient pas eu l'occasion de combattre. Les risques « militaires » encourus avaient été nuls. D'après les décomptes d'Antoine Prost[10], le nombre des anciens mobilisés, qui ne pouvaient en aucun cas se targuer d'avoir été des combattants, donc d'être devenus des anciens combattants, approchait le million. Parmi les véritables anciens combattants, les catégories étaient fort nombreuses, en fonction du temps de séjour dans une zone dangereuse, de l'arme (dans certaines comme par exemple le Train, les risques avaient été — en général — plus limités) et de l'âge. Il y avait en outre ceux qui étaient revenus indemnes, mais aussi les invalides ou les gazés à des degrés divers (environ un million d'hommes également).

La mouvance « anciens combattants » pouvait également s'étendre à toute la population qui avait été victime de la guerre, les ascendants, les veuves de guerre, environ 600 000, les orphelins, 760 000.... Au total, la clientèle potentielle d'un mouvement ancien combattant s'élevait à environ 7 millions et demi de personnes, soit le sixième de la population globale. Il va de soi que l'ensemble des anciens combattants ou des victimes de la guerre ne participèrent pas au mouvement combattant, qu'il est d'ailleurs difficile de comptabiliser ceux qui y participèrent réellement parce que les effectifs varièrent considérablement d'un moment à l'autre, atteignant leur apogée vers 1930-1932 pour décliner ensuite. On peut les estimer à environ 3 millions de personnes, peut-être près de 3 millions et demi.

La difficulté du dénombrement des participants du mouvement ancien combattant tient au très grand nombre d'associations qui se constituèrent. Les premières le firent pendant la guerre, et ce furent évidemment des associations de mutilés : l'*Association générale des mutilés de guerre* (AGMG) dès août 1915, et l'*Union nationale des Mutilés et Réformés* (UNMR) en janvier 1917. Ce fut néanmoins une fois la guerre terminée que la plupart des associations d'anciens combattants « ordinaires » se créèrent, encore que l'*Union fédérale* (UF), regroupement à l'origine d'associations de mutilés, ait été fondée en février 1918. L'autre grande organisation, l'*Union nationale des combattants* (UNC), fut déclarée à la préfecture de police le 11 novembre 1918 ! D'autres associations se constituèrent sur une base politique, telle l'*Association républicaine des Anciens combattants* (ARAC), qui ne cachait pas ses sympathies d'extrême-gauche, ou sur une base plus spécifique, comme la *Fédération des associations de fonctionnaires anciens combattants* (FFAC) ou encore la *Fédération nationale des commerçants et industriels mobilisés* (FNCIM). En fait, la diversité des regroupements possibles conduisit à un véritable grouillement d'associations se traduisant évidemment par des doubles ou des triples affiliations.

L'UF et l'UNC avec plusieurs centaines de milliers d'adhérents chacune dominèrent toutefois la scène du mouvement combattant.

Un mouvement de masse supérieur à toute autre force politique par le nombre avait pris naissance et il ne pouvait manquer de jouer un rôle essentiel dans la communauté nationale. Il disposait de ce moyen de pression irrésistible : être composé de ceux qui avaient fait la guerre, qui *« avaient des droits sur nous »*, comme l'avait proclamé Clemenceau. La question était de savoir comment il utiliserait cette influence.

Recrutant plus massivement dans les campagnes (dans les villages, la sociabilité habituelle poussait tous les anciens combattants à s'inscrire dans les associations) qu'en ville, reflétant d'ailleurs la prépondérance du monde rural dans l'armée (mais dirigées le plus souvent par des représentants de la petite ou de la moyenne bourgeoisie, au moins aux échelons locaux ou départementaux) les associations d'anciens combattants ont-elles contribué à maintenir ou à créer un cadre idéologique pour l'ensemble de la nation ? Certes les associations, même en dehors de l'ARAC, avaient souvent une certaine sensibilité politique, l'UF penchait plutôt vers le radicalisme, l'UNC vers le conservatisme, mais comment cela s'est-il traduit ? Les associations n'ont-elles pas été seulement des sortes de syndicats de défense des intérêts matériels des anciens combattants ? Elles se sont certes révélées efficaces dans ce domaine, et elles ont eu une « fonction sociale » de première importance pour l'obtention des pensions, plus tard de la retraite du combattant, fondant des caisses de retraite et accordant des secours. Mais n'ont-elles été que cela ? Ont-elles reflété ce mot d'ordre devenu en quelque sorte le slogan des anciens combattants *« Unis comme au front »?* Et comment l'ont-elles pu en fonction de la variété des hommes et des groupes qu'elles représentaient ?

Ces questions sont d'autant plus importantes pour comprendre l'effet de la guerre sur la communauté nationale qu'on a voulu souvent identifier le mouvement ancien combattant à une sorte de fascisme. L'explication s'en trouve dans le fait que la principale « ligue », celle des *Croix de Feu,* qui se référait aux anciens combattants, a eu sa place — à vrai dire modératrice — dans la journée du 6 Février 1934. A l'origine des Croix de Feu il y avait une association d'anciens combattants, comme il y en avait — nous l'avons vu — un très grand nombre. Mais, de fait, quand, sous l'impulsion du colonel de la Rocque, les Croix de Feu devinrent quelque chose d'important, l'association s'est ouverte à tous. Elle s'est transformée en une organisation de masse, une organisation politique qui ne peut plus être considérée comme appartenant au mouvement combattant. La Rocque faisait souvent allusion à l'esprit du Front et les articles de presse consacrés aux Croix de Feu en montraient l'esprit militaire, les uniformes et les défilés. Cela pouvait tromper, mais les Croix de Feu n'ont jamais été qu'une frange très minoritaire des anciens combattants. Les travaux récents ne croient pas non plus qu'ils aient été un mouvement fasciste : recrutant sa clientèle dans les classes moyennes, le mouvement était d'un anticommunisme et d'un antisocialisme militants, mais La Rocque, catholique fervent, développait les thèmes traditionnels de la droite et du conservatisme et non ceux du fascisme[11].

D'autres organisations utilisèrent le paravent des anciens combattants pour délivrer un message purement politique, et quelquefois extrémiste. Ainsi, en 1919, Binet-Valmer, vice-président d'une petite association, la *Ligue des chefs de section et des soldats combattants,* encourageait ses adhérents à s'engager avec vigueur dans le combat antibolchevique, et plus prosaïquement dans le combat électoral. Disons même que, vu de l'extérieur, l'utilisation fréquente du label « ancien combattant » dans le combat politique a rendu facile la confusion avec la droite. C'est pourquoi l'analyse faite par Antoine Prost des mentalités et de l'idéologie de masse des anciens combattants est si fondamentale.

Certes, ils sont patriotes, ils ne rejettent pas le combat auquel ils ont participé, mais c'est un patriotisme exclusif du nationalisme et du militarisme. Il y a chez eux un refus « presque viscéral » de la guerre et de tout ce qui peut y conduire. C'est un patriotisme très étroitement mélangé de pacifisme. Refusant le chauvinisme, et en particulier le chauvinisme anti-allemand, ils condamnent toute guerre, à cause des souffrances subies. Comme la France n'a plus de revanche à prendre, il est d'autant plus facile de prêcher la paix générale, l'apaisement, ce qui conduit à une sorte de définition morale de ce que doivent être les rapports entre les peuples. Le discours combattant ne cesse au fond de reprendre l'idée de la France *« soldat de l'idéal »,* qu'avait énoncée Clemenceau : il fallait que soient respectés le Droit, la Justice, la Liberté.

C'est également sur un plan moral que les anciens combattants se placent pour refuser dorénavant toute guerre et se retrouver dans le *« guerre à la guerre »*, traduction également du *« Plus jamais ça »*.

Une rencontre est particulièrement significative, celle du mouvement ancien combattant avec Aristide

Briand. On sait comment l'homme qui, à la veille de 1914, était sur des positions presque nationalistes — avec Barthou et Millerand, il avait constitué une éphémère « Fédération des Gauches » qui fut le fer de lance lors des élections de 1914 de la campagne pour le maintien des « trois ans » de service militaire — est rapidement devenu après la guerre l'homme de la paix, celui qui voulait donner à la SDN un rôle déterminant. Aristide Briand ne fait évidemment pas l'unanimité chez les anciens combattants mais, dit Antoine Prost, *« il incarne les aspirations les plus profondes d'un peuple combattant, réfléchi, convaincu et fidèle ».*

Le portrait de ces anciens soldats qui rejettent l'esprit militaire, condamnent en particulier la justice militaire, ne veulent plus entendre parler que de paix, peut surprendre et donner l'impression qu'on a substitué à un ancien combattant que l'on croyait plutôt marqué à droite, un ancien combattant plutôt marqué à gauche, ce qui ne semble pas correspondre à l'évolution politique de la France au moins dans l'immédiat après-guerre.

En réalité, si du discours « extérieur » on passe au discours de politique « intérieure », l'impression n'est pas la même. Elle est fondée pour l'essentiel sur le rejet de la politique qu'il faut entendre comme cette chose pernicieuse qui divise le corps social. On en voit les conséquences : le rejet de la politique est très proche du rejet de la démocratie. Comment faire fonctionner la démocratie si l'on estime que les joutes politiques doivent disparaître, qu'elles sont mauvaises en soi ? Comment peut-il exister un système parlementaire qui ne repose pas sur les oppositions politiques ? Dans le rejet de la politique est inclus le rejet du parlementarisme. L'antiparlementarisme fut un des traits importants de l'idéologie du mouvement ancien combattant.

C'est d'ailleurs cette idéologie de « rassemblement », niant et condamnant toute division et toute pratique liées aux divisions du corps social qui ne pouvait manquer d'inquiéter les « Républicains ». Elle prenait d'ailleurs tout simplement la suite de la conception de l'union sacrée, telle qu'elle s'était affirmée dans la dernière période de la guerre.

Ceci explique aussi que l'image du mouvement des anciens combattants soit bien différente de celle que pouvait suggérer son attitude face aux problèmes extérieurs, et que certains aient pu lui attribuer l'étiquette de « fasciste ». Cela d'autant plus que, dans une communauté prétendûment sans divisions, les anciens combattants s'érigeaient en groupe formant une sorte d'élite morale « investie d'une légitimité » qui était parfaitement incompatible avec la légitimité normale dans un système démocratique, c'est-à-dire la légitimité sortie des urnes. Un groupe quelconque, quels que soient les services qu'il a rendus, peut-il décider qu'il possède une magistrature morale devant laquelle le reste de la nation doit nécessairement s'incliner ? Par ailleurs l'antiparlementarisme du mouvement ancien combattant débouchait sur une volonté de réforme de l'Etat, qui n'était d'ailleurs pas originale : dans les années 1920 un mouvement important de réforme du système politique commence à se développer et ceci dans des milieux politiques très différents. Ces propositions de réformes ne pouvaient manquer de rencontrer des échos de plus en plus puissants, en raison de la dégradation sensible du fonctionnement du système parlementaire français dans la période de l'entre-deux-guerres.

Malgré tout, cette opposition entre le pacifisme et des attitudes très droitières, ou tout au moins allant tout à fait dans le sens du discours conservateur, sur le plan intérieur, ne peut manquer de poser problème. Où était la vérité du mouvement combattant ?

Pour Antoine Prost, c'est le premier point le plus important, le plus fondamental ; quant au second, on ne doit pas lui accorder une signification exagérée. Beaucoup plus que du domaine de l'action, il est du domaine du discours, du domaine de la réthorique, d'une réthorique répétitive, mais finalement assez creuse peu désireuse de s'immiscer réellement dans le jeu politique. D'ailleurs, ce discours est plus celui des dirigeants, et en particulier des leaders parisiens, que des instances locales et régionales. Il exprime la dichotomie existant entre la masse du mouvement et certains qui voulaient s'en faire les porte-paroles. Ainsi, en février 1934, les dirigeants parisiens auraient été responsables d'un dérapage qui n'était pas approuvé par la grande majorité de leurs troupes. Le mouvement ancien combattant, profondément républicain, restait en fait très allergique à toute dérive autoritaire, même s'il entendait maintenir cette pression morale qui lui semblait être dans sa vocation. Poussant encore davantage le paradoxe, Antoine Prost est convaincu que, bien loin d'avoir pu être le fourrier d'un fascisme français, le mouvement ancien combattant a été un des pôles de cet esprit républicain qui a empêché le fascisme de véritablement s'implanter en France.

Cette thèse peut être discutée[12] : il est évidemment difficile de tout à fait admettre que, dans cette opposition entre le pacifisme d'un côté et l'antiparlementarisme de l'autre, l'un doit être pris au premier degré (et il semble bien qu'il doive l'être), l'autre être considéré comme négligeable ou tout au moins sans importance pratique. Il est vrai que le souhait de certains de transformer le mouvement combattant en « parti » combattant a échoué et que la vivacité des dirigeants en particulier de l'UNC — ceux de l'UF étaient plus réticents — à s'engager dans le domaine politique, n'a pas rencontré un grand écho auprès des masses d'anciens combattants. Ils étaient à leur tour victimes de leur discours : on ne pouvait d'un côté condamner la politique, être rassembleur, et de l'autre, vouloir faire de la politique. Il n'est pas rare que le discours apolitique soit pris à son propre piège. Il n'empêche que, même si l'idéologie anti-parlementaire n'a pas débouché sur le terrain de l'action, elle ne pouvait manquer d'avoir des conséquences, en imprégnant un groupe aussi nombreux.

Ce mouvement, unique dans l'histoire de la France, que fut le mouvement ancien combattant — peut-être peut-on en retrouver certains traits dans celui des anciens prisonniers après la Seconde Guerre mondiale, encore que l'on conçoive que d'anciens prisonniers, qui avaient souffert certes, mais qui pour beaucoup d'entre eux avaient peu combattu, ne puissent prétendre jouer le même rôle dans la société française que des anciens combattants victorieux de surcroît — est une des conséquences majeures de la guerre sur la société française.

La société française, en apparence, n'a pas été profondément modifiée du fait de la guerre, la guerre n'a pas créé un homme nouveau. Le Français de l'après-guerre ressemble au Français de l'avant-guerre. Des comportements différents ne sont pourtant pas négligeables. Il n'est pas exagéré de dire que, malgré les apparences quelquefois, à travers le mouvement ancien combattant, il y a bien perpétuation du consensus développé pendant la guerre. D'abord par l'existence d'un groupe nombreux — plus nombreux que toutes les forces politiques et syndicales rassemblées — chez qui l'expérience commune a créé un sentiment de communauté, de fraternité, qui ne s'effacera pas. Quand le président du Conseil Edouard Daladier s'adressa à la nation au moment de l'entrée en guerre en 1939, c'est d'abord l'ancien combattant qui parla en lui et toutes ses décisions restèrent marquées par le fait qu'il était un ancien combattant. Les souvenirs de la guerre étaient indélébiles et distinguèrent le comportement de ceux qui l'avaient vécue. Au-delà de tous les mots qui n'avaient pas le pouvoir de rendre la réalité, ce fut là une vérité essentielle.

Ce fut ensuite l'impossibilité d'accepter les formes de division d'antan. La réconciliation nationale, prolongée par le mouvement combattant, empêcha que certaines querelles reprennent le même aspect qu'avant la guerre. Le conflit cléricaux-laïques ne disparut pas, certes, mais il n'avait plus l'intensité qu'il avait revêtue, au point d'être le clivage principal de la société française. Une certaine forme de nationalisme cocardier était également morte et la plus grande partie de la société française communie dans l'amour et la volonté de la paix, dans l'horreur de la guerre. Plus que tout autre ce trait a été donné à la France de l'entre-deux-guerres par le mouvement combattant.

Néanmoins, ce renforcement du consensus ne fut pas sans conséquences perverses : en raison de son poids, l'idéologie du mouvement combattant a, sans aucun doute, préparé l'opinion à l'acceptation du régime de Vichy qui reprenait un discours qui lui était familier. Il n'a guère préparé en revanche l'opinion française à faire face aux nouveaux dangers que lui réservaient les années trente.

Le paysage dans le consensus : les monuments aux morts[13]

La Grande Guerre survit jusqu'à aujourd'hui dans le paysage de la France, et on ne peut nier qu'elle l'a profondément transformé. Cela est évident dans les départements du Nord, de la Picardie et de l'Est : leurs espaces furent champs de bataille, et les restes de tranchées, d'entonnoirs d'obus, même comblés, sont partout présents. Le sol n'est plus guère éventré ; villes, villages, églises, ont été reconstruits. Pourtant dès que l'on s'enfonce dans les sous-bois, on retrouve des tranchées, des restes de casemates, de forts, d'abris provisoires (parfois décorés de sculptures par les soldats, comme au Chemin des Dames). Les photographies aériennes révèlent avec netteté tout l'entrelacs des tranchées, elles font revivre les lieux des combats. Dans ces régions, les cimetières militaires, français ou étrangers, sont la trace admirablement paysagée de la mort. Les tombes des soldats français, coloniaux ou étrangers — Anglais, Américains, Belges, Italiens, Portugais, Allemands, Russes, Tchèques, Indiens, Canadiens — forment la mémoire de l'hécatombe. Enfin, les monuments commémoratifs des champs de bataille rappellent telle action héroïque, telle victoire chèrement acquise. La Somme, la Champagne, l'Artois... sont ainsi parsemées de tombes et de monuments, auxquels s'ajoutent de plus en plus des musées et des mémorials. A Villers-Bretonneux (Somme), on peut rencontrer chaque jour des Australiens, venus *« des confins de la terre »* pour lire le nom des leurs sur le monument, et pour voir les lieux, pour tenter de comprendre la boue et la mort que la tradition familiale et les livres d'histoire leur ont léguées.

Les communes des régions des combats ont aussi érigé des monuments spécifiques pour leurs combattants, les monuments aux morts. En cela, elles se fondent dans la norme de l'espace français. Toutes les communes de France, à quelques exceptions près, souvent de caractère anecdotique, ont fait construire, après la guerre, un monument aux morts. Dans les pays étrangers qui ont participé à la guerre (à commencer par l'Allemagne), on a certes aussi bâti des monuments, mais de façon beaucoup moins systématique qu'en France. Ces 35 000 monuments sont désormais tellement liés à l'espace français qu'ils figurent souvent dans les caricatures à côté des silhouettes à bérets et des baguettes de pain. Cette spécificité de la commémoration française a nourri « l'identité de le France », 11 novembre après 11 novembre. Le monument, au centre du village, au centre de la commémoration, nous interroge. Que nous apprend-il sur la guerre, les combattants, les non-combattants ? Signe de pierre, de bronze, de plâtre, de marbre, il est fiché dans la paysage. A nous de le décrypter, pour les 1,5 million d'hommes auxquels le Ministère des Pensions, des Primes et des Allocations de guerre avait accordé la mention *« Mort pour la France »*.

Dans les premières années après la guerre, les municipalités, plus rarement les anciens combattants, se sont préoccupés d'ériger les monuments. Après la guerre de 1870-1871, tardivement, on avait construit quelques monuments aux morts, dans la vague de la « statuomanie » de la IIIème République naissante. Peu de communes avaient suivi cette idée. Les monuments à la mode étaient plutôt destinés à honorer des individus particuliers. Pendant la guerre, dès 1915, devant les chiffres de l'hécatombe et le peu de grandeur des listes dactylographiées placées dans les mairies, d'aucuns commencent à penser à la commémoration, à ses formes. Jean Ajalbert lance en 1916 une enquête auprès de personnalités. Il la publie dans un ouvrage, *Comment glorifier les morts pour la patrie.* L'idée de la construction de monuments y est majoritaire. Il ne s'agit pas de tombeaux, puisque les combattants sont enterrés ailleurs ; leurs corps sont restés auprès du lieu de leur mort dans les cimetières militaires ou ont été rapatriés dans les caveaux familiaux des cimetières communaux. Les noms sont gravés, la plupart du temps par ordre alphabétique, sans mention de grade. Tous les morts d'une commune sont ainsi honorés à égalité sur ces cénotaphes — le mot *mort*, écrit, symbolise le fait — sur ces tableaux d'honneur, sans premiers et sans derniers.

Le dépouillement des comptes rendus des conseils municipaux permet de mieux comprendre l'élaboration politique, psychologique et matérielle des monuments. Une fois le mouvement lancé, l'unanimité se fait sur le besoin de monument. Les polémiques peuvent naître, quelquefois violentes, sur la forme que l'on doit lui donner, sur le choix d'un sculpteur ou de l'achat sur catalogue, sur son emplacement, sur le financement, enfin. Le patriotisme, les souvenirs de l'union sacrée, rencontrent là la basse politique, les conflits d'intérêt.

On grave des noms, des mots : ils représenteront les morts, c'est une mort épigraphique. *Enfants, 1914-1918, fils, morts, héros, patrie, devoir, sacrifice, soldats, mémoire...* Tels sont les termes qui reviennent le plus souvent sur les monuments. Ils rappellent la Grande Guerre, la grande faucheuse. La mort ainsi peut prendre un sens : on lui rend un culte collectif, elle est la quintessence du civisme. Au plus civique des sacrifices — sa vie donnée pour la patrie — succède le plus civique des cultes.

Au moment de construire un monument, ses commanditaires doivent lui trouver une place, un style, et un prix en rapport avec leurs possibilités financières. Rien de tout cela n'est neutre, même si le hasard joue parfois son rôle. Le monument, placé près de la mairie-école, est avant tout civique. S'il se rapproche de l'église ou du cimetière, le côté religieux domine, surtout si, comme c'est fréquent dans l'Ouest de la France, on lui ajoute une croix, quand il n'est pas un calvaire ancien transformé en monument. Placé dans un parc, aux limites de la ville, quelquefois sur le lieu d'anciennes fortifications, il devient un nouveau pôle, réservé aux cérémonies du 11 novembre. Quelle que soit sa situation générale, l'espace qui lui est réservé devient sacré, au sens donné dans la Marseillaise, *« amour sacré de la patrie »*. Un jardinet, soigneusement entretenu, des allées ratissées l'entourent. De petites barrières, souvent fermées à clé, renforcent cette clôture d'un espace qui appartient aux morts. Longtemps, des barrières d'obus, aujourd'hui souvent remplacées, ont joué ce rôle doublement symbolique : délimiter un espace n'appartenant qu'aux héros par l'arme même qui les avait fauchés. N'étaient-ce pas quelquefois leurs mères, leurs épouses, leurs sœurs, qui, *munitionnettes*, les avaient fabriqués ?

Que mettre au centre de l'espace sacré ? L'immense majorité des communes a choisi la simple stèle de pierre, installée sur un socle. Il est difficile d'y lire une symbolique phallique, comme d'aucuns ont tenté de le faire. Bien sûr, on peut se plaire intellectuellement à ce jeu de la pierre dressée, mais l'analyse des récits des achats ne le permet guère. La stèle était ce qui coûtait, de très loin, le moins cher, et des milliers de villages ne pouvaient réunir l'argent destiné à payer une sculpture, même moulée et achetée sur catalogue. La preuve a contrario : les villes, plus riches, ont, presque sans exception, choisi des monuments à sujet, de même que les plus grands villages ou ceux qui avaient la chance d'être les hôtes d'un mécène. Les stèles simples sont la copie de celles que l'on trouve dans certains cimetières, depuis le XVIIIe siècle. Les monuments aux morts/stèles prennent ainsi un aspect funéraire appartenant à la statuaire néo-classique. Ils seront l'occasion, pour cet art, de pénétrer jusque dans les époques les plus reculées. C'est aussi un immense marché qui se met en place. Jamais plus les sculpteurs, les architectes, les entrepreneurs en maçonnerie ne connaîtraient une telle aubaine... ni les fondeurs qui créeront les monuments à sujet les plus répandus, les poilus de fonte. Ces derniers, installés comme les stèles neutres sur un socle, les remplacent. Deux styles se dégagent : soit le poilu victorieux, exalté (œuvres de Ch.H. Pourquet ou de E. Bénet), soit le poilu s'affaissant, résistant bravement dans les plis du drapeau, ou déjà tombé à terre, mourant.

Le poilu est ainsi au centre de la commémoration, comme il fut au centre de la guerre. C'est lui, le simple soldat, qui a tenu, c'est lui que l'on pleure, c'est lui que l'on honore. Et ce, jusque dans les actuels départements d'Outre-mer, où les poilus sont les frères (blancs évidemment) de leurs compagnons d'armes de la métropole. *« Veillons ! C'est pour notre France »*, dit le poilu des Trois-Islets, en Martinique. Le choix extrêmement majoritaire de la représentation d'un soldat se comprend aisément. Des photographies des conscrits, pérennisées dans l'émail, sont souvent placées au pied de la statue. Les combattants sont donc honorés trois fois sur le monument : par leur nom, gravé sur le socle, par leur photographie, par la représentation sculptée du poilu.

Les catalogues proposés aux communes présentaient les différents modèles. Pourquoi et comment s'est-on décidé pour le poilu victorieux ou le poilu mourant ? Tel village de la Woëvre présente *« Résistance »* de Ch. H. Pourquet, où le poilu bien campé sur ses deux jambes incarne le *« on ne passe pas »*. Son voisin, à quelques kilomètres, a choisi le poilu mourant, scène assez désespérée. Pourquoi ? L'héroïsme est présent, célébré, mais la cruauté de la mort est toujours là, au moins citée par l'inscription. Face à des monuments, on peut difficilement se livrer à une typologie rigide. Si l'héroïsme et l'horreur sont voisins sur les monuments, c'est qu'ils le furent toujours sur les champs de bataille. Tous les monuments patriotiques ont un côté funéraire, ne serait-ce que par la longue liste des victimes, tous les monuments funéraires ont un côté patriotique : le poilu, même mort, est accompagné du drapeau, de palmes (entre le succès et le martyre), du coq, (Galus = Gallia), de l'allégorie de la victoire en jeune femme ailée... Tous les monuments aux morts semblent vouloir déguiser la mort, la transformer, la sublimer. On la sublime par le patriotisme ou par la religion, par le drapeau ou par la croix, elle n'est presque jamais représentée dans son implacable solitude. Cela aurait été intolérable pour les survivants : les héros sont des fils, des maris, des pères, avant d'être des morts ; ils sont des vivants, jusque dans leur mort : ils ne l'ont pas choisie, ils l'ont vécue en face. Même les rares monuments pacifistes ne représentent pas la mort brutale. Ce sont des femmes ou des enfants qui viennent clamer l'horreur de la mort par la guerre, à la guerre, et non des soldats tués. Si la mort trouve rarement sa place sur le monument figuré, en revanche les armes, destinées à la donner, sont très souvent représentées : depuis le fusil individuel, la grenade, le canon, et jusqu'au tank, tout l'arsenal de la Grande Guerre. Des sculptures précises permettent aussi de reconnaître l'équipement personnel des poilus, de la tête aux pieds : casque, bandes molletières, sans oublier la fidèle musette, ou la bouffarde, si le soldat est représenté dans le calme de la cagna et pas au cours d'une attaque.

Dans la formation du soldat patriote, les instituteurs avaient eu avant la guerre un rôle important. Les petits Français avaient eu sous les yeux, sur les murs de toutes les classes, la carte de la France mutilée de ses provinces de l'Est. Ils avaient appris dans le *Lavisse* les exploits de Vercingétorix et de Jeanne d'Arc. Ainsi, les *« hussards de la République »* ont contribué à *« solidifier l'armature du patriotisme français ».* Dans la plupart des départements, les écoles normales abritent un monument à la mémoire des instituteurs morts à la guerre. Exemples pour les enfants avant la guerre, ils le sont d'autant plus après. C'est ce patriotisme fervent que l'on retrouve sur la plupart des monuments. Dans les années 20, on ne pouvait montrer aux Français que ce qu'ils avaient envie de voir : l'héroïsme pour la patrie, de Poitiers à Verdun, comme le montre, dans un raccourci saisissant de l'histoire de France le monument du Lycée de garçons de Saint-Etienne dû à J. Durand. De Vercingétorix (fréquent) aux soldats de l'an II (plus rare), les héros individuels ou anonymes donnent l'exemple. L'enfant continue à aller à l'école de la République, et le message qu'il y entend lui confirme que la mort de son père a fait de lui un héros dont il devra suivre l'exemple. Les monuments qui présentent des enfants au pied d'un socle surmonté d'un poilu continuent cette leçon. La généalogie est bizarre : le « fils » au nom gravé est le père du jeune garçon, le cartable sur le dos. Il n'est plus temps de pleurer, il faut grandir et écouter les leçons du maître pour atteindre le sourire paisible du héros perché là-haut et les vraies valeurs de la France. Les monuments offrent des milliers de leçons d'instruction civique : courage, héroïsme, espérance, droiture, patriotisme.

Un *Livre de récitations et de morale*, paru en 1919 pour le cours moyen, donne une vision du drapeau tricolore : *« Le drapeau français a trois couleurs pour nous rappeler trois dogmes : liberté, égalité, fraternité. Le rouge, qui pend à terre, nous rappelle que nous devons toujours être prêts à laisser couler notre sang pour la patrie. Le blanc est la couleur de la pureté, et il nous dit : « Soyez purs et sans tache »... Enfin le bleu, qui est au-dessus du drapeau, est la couleur du ciel au-dessus de nos têtes, et il nous rappelle que nous devons toujours élever nos cœurs et dire pour la France : « Plus haut, toujours plus haut. »*

La plupart des monuments aux morts, constructions complexes à trois étages, semblent correspondre à ce schéma : au sommet, « le bleu », la patrie, le symbole du coq ou du drapeau. Au centre, le « rouge », le combattant. En bas, femmes et enfants, purs, admirateurs des héros. Le monument de la Côte-Saint-André, dans le département de l'Isère, reprend le trifonctionnalisme des sociétés indo-européennes. Sur un socle, une femme laboure : elle travaille à l'arrière, pour remplacer son mari, devenu combattant, représenté au centre du monument, la grenade à la main. Au sommet, le coq incarne le culte de la patrie. Les trois fonctions, travailler, combattre, croire, ont été nécessaires à la poursuite de la guerre ; l'unité des combattants et des civils — l'arrière — autour de la patrie, a créé la victoire.

La guerre terminée, tous se retrouvent civils, les anciens combattants, comme les anciens enfants de soldats, leurs mères, leurs femmes, leurs parents. Les monuments nous racontent leur guerre. Les soldats y sont les plus nombreux, mais les civils ne sont pas absents et disent le tribut qu'ils ont payé. Les monuments nous apprennent leur douleur, et leur courage. La douleur, c'est celle de la mort vécue. Les femmes, les enfants, ont le droit de pleurer. Veuves dans leurs voiles, orphelins en habits du dimanche, viennent honorer la tombe de leur mari, de leur père. On est ferme, courageux, on n'en est pas moins vaincu par le chagrin. A Sillery, une très belle jeune femme, la tête dans les mains, pleure devant les croix qui représentent les soldats morts. L'un d'eux pouvait être son fiancé. Les femmes sculptées par le Catalan Maillol sont avant tout beauté, proches de l'allégorie si présente sur les monuments. En Lorraine, en Savoie, et en Bretagne sous le ciseau du sculpteur René Quillivic, ce sont surtout les vieux parents qui portent le poids de la tristesse.

Cette douleur est française, elle est aussi régionaliste : les coiffes, les sabots, sont bien reconnaissables. Quand les villages récupèrent les leurs, après l'hécatombe unitaire, ils les honorent — et surtout les pleurent — comme Bretons ou comme Auvergnats. Quand la mère ou les grands-parents sont accompagnés de petits enfants, la douleur fait vite place à la leçon. Comme les livres d'école, les monuments disent : *« Aucune patrie ne mérite plus que la France d'être aimée et glorifiée par ses enfants... Aimez-la, comme des enfants qui, lorsqu'une place est vide au foyer, cherchent, par leur tendresse et leur dévouement, à consoler leur mère en deuil. »*

Les enfants sont aussi choisis pour faire passer le message pacifiste. A Gentioux, un écolier accuse : *« Maudite soit la guerre. »*

Les souffrances des civils ont été doubles dans les départements occupés par les Allemands, au Nord et à l'Est. Leurs fils combattants une fois partis, ils n'ont pas eu « seulement » — comme ailleurs en France — à les remplacer au travail, et à apprendre, souvent très tard, leur mort. Ils ont dû subir les duretés de l'occupation. Sur les monuments des villes du Nord et de la Picardie, des reliefs impressionnants rappellent les prises d'otages (Noyon), les destructions de cathédrales et de maisons (Soissons), l'exode des civils (Caudry), la destruction des mines et des usines (Lens)... La résistance est bien présente à Lille, avec les monuments aux fusillés de 1915 et à l'héroïne, Louise de Bettignies.

Ainsi, civils et combattants, Français de la France occupée et Français de l'arrière, ont vécu une guerre tragique ; les monuments rappellent le front, et « l'autre front ». Quand les civils sont présents sur les monuments, ils apportent l'image de la mort vécue, de la douleur. Ils sont enfin les relais de la mort sublimée, de la mort acceptée grâce aux consolations de la religion. La patrie, c'est une passion, n'est-ce pas aussi *la Passion* ? Pour Monseigneur Julien, évêque d'Arras, la colline de Lorette, haut lieu du culte marial avant la guerre, haut lieu de combat, doit devenir un espace sacré, mémorial de la guerre et reliquaire immense — ossuaire et cimetière — pour les combattants : *« O colline de Lorette... ne conviendrait-il pas de gravir à genoux tes pentes bouleversées qui furent le calvaire de nos sauveurs !* » Pour les soldats chrétiens, la guerre est ainsi vue comme une *« imitation de Jésus-Christ »* ; il faut que, dans le paysage d'après-guerre, leur passion soit mise en valeur, préservée. C'est ainsi que l'on trouve aujourd'hui en France quatre sanctuaires-ossuaires, quatre mémorials chrétiens : Lorette, Douaumont, Dormans et Hartmann-Willerkopf (le Vieil-Armand). Dans la crypte de ce dernier, on a placé une grande sculpture de la Vierge — due à Bourdelle. Une mère brandit son enfant. Il est mort pour tous les hommes, elle a offert son fils pour tous les hommes. L'exemple du sacrifice premier a été vécu encore et encore, des millions de fois. Le sculpteur Maxime Réal del Sarte exprime toute la douleur de ces mères-vierges dans sa sculpture *« Je t'ai cherché »*, souvent choisie comme monument aux morts par les communes. L'ancien chef des Camelots du Roi, blessé à la guerre, illustre là un poème de Maurras. Un poilu mort est veillé par sa mère : le linceul devient un suaire, les épines de la couronne se transforment en laurier en un va-et-vient tragique entre les tranchées et le Golgotha, entre l'exaltation du devoir patriotique et celle du sacrifice chrétien.

Les monuments aux morts qui honorent les soldats de la Première Guerre mondiale ont marqué à tout jamais notre horizon. Dans la France rurale, dans la France urbaine, ils disent leur souffrance et leur héroïsme. Sculptures figées, les monuments font partout revivre la Guerre dans toute son horreur, dans toute sa grandeur.

La captation du consensus : le Bloc national et les élections de 1919

Que dans l'héritage mental des Français et leur vie quotidienne, la guerre ait apporté le 11 novembre, les anciens combattants et les monuments aux morts, c'est-à-dire ait ajouté un jour exceptionnel à ceux que l'histoire ou la religion avait déjà légués, créé un véritable groupe social en dehors des catégories habituelles et donné à la France une parure monumentale d'une importance telle qu'il n'y a pas d'autre exemple de la construction de tant de monuments en si peu de temps, qu'elle ait fait naître un nouveau pôle de civisme — combien de temps ont vécu les arbres de la liberté de 1848 ? — c'était évidemment déjà considérable, si on fait référence à ces éléments qui font la spécificité d'une communauté nationale. Néanmoins dans un pays comme la France, il était peu vraisemblable que la guerre ne se traduise pas aussi dans l'héritage politique et que — à défaut d'un nouveau clivage —, il n'y ait pas eu tentation pour les forces politiques de tirer un avantage de la poussée d'union à laquelle la guerre avait donné naissance. Dès l'établissement de l'union sacrée pendant l'été 1914, presque chacune des forces sociales, politiques, spirituelles, tout en proclamant son respect de la trêve et son aspiration à l'union, avait dit implicitement ou explicitement que, la guerre finie, on ne manquerait pas de comprendre combien elle avait été le plus beau fleuron de l'union sacrée et de lui en être reconnaissant. Mais la façon dont la conception de l'union sacrée avait évolué au cours de la guerre, et la couleur « droitière » qu'elle avait progressivement prise, allaient-elles se matérialiser dans le rapport des forces politiques ?

En principe les pouvoirs de la Chambre des députés élue en avril-mai 1914 auraient dû expirer quatre années plus tard, mais la guerre n'était pas achevée et il n'avait donc pas été possible de procéder à de nouvelles élections. A vrai dire, une fois l'armistice signé, et contrairement au Royaume-Uni, le gouvernement ne manifesta aucun empressement à les organiser. Elles n'eurent lieu qu'un an plus tard, le 16 novembre 1919.

Le système électoral avait été changé. Déjà, avant la guerre, le scrutin d'arrondissement était vivement critiqué par ceux qui le trouvaient injuste parce qu'il ne leur donnait pas la représentation à laquelle ils pensaient avoir droit. Ils réclamaient que les minorités puissent être représentées. Rassemblant l'extrême-gauche socialiste, la droite et le centre, les adversaires du scrutin d'arrondissement formaient la majorité, mais pas la majorité des « Républicains », puisque les radicaux en restaient partisans. Poincaré, qui, pourtant, rejetait toute entente avec la droite cléricale, était parvenu à faire voter la réforme électorale par la Chambre des députés le 10 juillet 1912. Mais au Sénat, Clemenceau et Combes s'y étaient opposés catégoriquement. Le gouvernement Briand — qui avait succédé à celui de Poincaré, devenu président de la République — fut en fait renversé par le Sénat quand il voulut lui faire ratifier la nouvelle loi électorale. Dans les mois suivants, la violence de l'opposition entre « proportionnalistes » de gauche et de droite à propos de la loi de trois ans empêcha que l'affaire puisse revenir à l'ordre du jour. En 1919 la situation avait changé, ne serait-ce que parce que dans le domaine du système électoral comme dans les autres, un parti radical à la dérive n'était plus en mesure de peser en faveur de son système électoral préféré. D'ailleurs un des dirigeants radicaux, Joseph-Louis Bonnet, un spécialiste des problèmes électoraux, était parvenu à faire adopter par le congrès de son parti le principe du scrutin de liste dont il estimait qu'il était le plus favorable au maintien de l'union des Républicains. Il y avait sans doute aussi chez Bonnet l'idée que le scrutin de liste était davantage dans la ligne de l'union sacrée. Dans la pratique, les radicaux jouèrent peu de rôle dans le débat parlementaire, mais ceux d'entre eux qui y participèrent proposèrent le scrutin de liste majoritaire.

Finalement, après des débats confus dans lesquels le gouvernement, qui considérait que la question n'était pas de son ressort, ne s'était pas engagé, une formule de compromis fut établie entre « proportionnalistes » et « majoritaires ». Le système adopté prévoyait le scrutin de liste départemental (ou dans certains cas par fraction de département), avec répartition des sièges à la proportionnelle, mais il était également établi que tout candidat qui obtiendrait la majorité absolue serait élu, ce qui dans la pratique signifiait que dans un département où une liste obtiendrait la majorité absolue, elle recueillerait la totalité des sièges. Le système était donc certes proportionnel, mais fortement corrigé par une prime à la majorité. Système bâtard qui ne pouvait satisfaire pleinement ni les proportionnalistes, ni les majoritaires.

En raison de la confusion des débats qui ont présidé à l'établissement de la nouvelle loi électorale, il est difficile de déterminer les raisons profondes ou nouvelles de son adoption. Remarquons simplement qu'il existait déjà une majorité en faveur de la loi avant 1914 et que le climat d'union de la guerre rendait difficile de différer davantage un projet qui devait permettre une meilleure représentation des Français. Aristide Briand s'était montré particulièrement actif pour faire adopter la nouvelle loi électorale. D'après lui, le système qui avait été utile dans le passé pour établir la République, en d'autres termes un système de combat qui ne respectait pas trop les minorités, au nom d'intérêts supérieurs, n'était plus justifié puisque la République n'était plus contestée, et qu'en revanche il était peu propice à ce que les députés se consacrent aux grands problèmes, trop pris par les petites affaires de leurs circonscriptions. L'ardeur d'Aristide Briand en faveur de la modification de la loi électorale explique peut-être l'hostilité que lui a au contraire témoignée Georges Clemenceau. Le président du Conseil n'avait pas voulu que le gouvernement s'engage dans cette affaire — le ministre de l'Intérieur Jules Pams ne participa que peu aux discussions ; il n'en restait pas moins très critique envers la réforme. Il n'avait pas changé d'avis sur ce point depuis l'avant-guerre et, dans son célèbre discours de Strasbourg, en novembre 1919, à la veille des élections, il s'interrogeait encore : *« Etait-ce donc l'heure de fabriquer dans une incohérence de votes comme il ne s'en vit jamais, un système électoral dont le but avoué est de réduire la majorité au profit de minorités dont quelques-unes sont de perturbation achevée ? »*

Le nouveau système électoral obligeait à contracter des alliances afin de pouvoir profiter de la prime à la majorité absolue. En outre s'allier signifiait se présenter sur de mêmes listes, ce qui posait plus de problèmes que les anciens désistements du deuxième tour. La constitution des listes traduisit l'état des forces politiques et des rapports entre elles au sortir de la guerre : un parti socialiste isolé, un parti radical déliquescent, un centre et une droite convaincus d'être dans le fil de l'histoire et de représenter les valeurs nationales.

L'isolement du parti socialiste tenait à son évolution dans la dernière période de la guerre, à son rassemblement « au centre » et à sa rupture avec l'union sacrée, même s'il n'avait en rien rejeté les nécessités de la défense nationale. Une fois la guerre terminée, le parti socialiste fut en outre le théâtre de fortes tensions internes liées à l'appréciation du Bolchevisme. Les virtualités révolutionnaires d'une fraction du parti, le souci de retrouver sa pureté doctrinale, le conduisaient inéluctablement à aller seul à la bataille électorale : même si ce ne fut pas pour certains sans regrets, le congrès du parti socialiste des 20-22 avril 1919 vota à l'unanimité une motion présentée par Alexandre Bracke qui refusait toute compromission avec les partis bourgeois, donc avec le parti radical. Le programme électoral rédigé par Léon Blum réaffirmait d'ailleurs la vocation révolutionnaire des socialistes.

La décision des socialistes était particulièrement fâcheuse pour les radicaux : privés d'alliance à gauche, ils étaient ainsi poussés vers la droite. Le parti radical était en train de renaître : un congrès de « reconstitution » avait même eu lieu en octobre 1917, un nouveau comité exécutif mis en place, un président élu. En fait cette renaissance avait été assez théorique dans la mesure où les grands bastions du radicalisme du Centre et du Sud-Ouest s'en étaient désintéressés. Dans la pratique il y avait une sorte de distorsion entre la volonté des militants radicaux de relancer leur parti (ces militants se faisaient d'ailleurs mieux entendre là où le parti était traditionnellement faible) et celle des députés sortants (puissants là où le parti était fort) dont le souci était surtout d'être réélus. Or pour avoir une chance de réélection, dans de nombreux cas, il fallait constituer une coalition. Le parti radical, dont Edouard Herriot était devenu le président en septembre 1919, avait seulement accepté d'entrer dans une coalition réalisée autour de l'*Alliance démocratique,* dirigée par Adolphe Carnot et considérée comme une formation du centre s'intégrant ainsi à ce qui apparaissait comme une coalition centriste. La *Fédération républicaine* (droite laïque) n'en faisait partie qu'à titre secondaire. Mais, dans la réalité, un *Bloc national* s'était en même temps constitué depuis l'*Alliance démocratique* jusqu'à l'*Action libérale,* le parti de la droite cléricale. De sorte que les radicaux donnaient l'impression d'avoir accepté le *Bloc national* tout en proclamant qu'ils le rejetaient. Une situation tout à fait ambiguë et fort confuse qui se traduisit par la variété des attitudes des candidats radicaux. Dans 14 des 86 circonscriptions où des radicaux se trouvent engagés, ils participent à des listes du *Bloc national,* dans 27, à des coalitions de centre-droit qui ne comprennent pas la droite « cléricale », et dans 45 à des listes de centre-gauche purement radicales, ou ne comprenant que des alliés de gauche comme les Républicains socialistes. La configuration fut quelquefois encore plus compliquée, car il existe un certain nombre de circonscriptions où à côté d'une liste purement radicale, d'autres radicaux figurèrent sur la liste du Bloc national ![14] En réalité, pour simplifier, deux courants s'étaient dégagés à l'intérieur du parti radical, l'un qui entendait marquer son « ancrage » à gauche, l'autre qui ne répugnait pas à collaborer avec la droite.

Face à la faiblesse et à l'ambiguïté radicale, le centre et la droite apparaissaient sûrs d'eux : ce qui les séparait — la question religieuse — ne les empêchait plus, au moins momentanément, de communier dans l'union nationale derrière Clemenceau qui leur sert de porte-drapeau. C'est donc sans difficultés que l'Alliance républicaine, la Fédération républicaine et l'Action libérale se sont rassemblées dans ce qui avait pris le nom de Bloc national. Ils entendent d'ailleurs être la nation, la nation sobrement, la nation seulement, et ils rejettent le « nationalisme ». Le Bloc s'est bien gardé de reprendre le terme et n'a pas fait grand effort pour attirer sur ses listes des candidats de l'Action française. Pour la première fois en effet — miracle de l'union sacrée et de la Victoire que le système parlementaire n'avait pas empêchée — l'Action française avait décidé de présenter des candidats aux élections. Elle était d'ailleurs persuadée de pouvoir obtenir une centaine de sièges et n'avait pas fait non plus de grands efforts pour participer au Bloc national. Assez curieusement — sans l'avoir cherché ! —, l'Action française en se lançant dans la bataille électorale faisait d'autant mieux ressortir le caractère seulement « national » du Bloc, son caractère « union sacrée » en dehors de tout excès...

La tradition veut que la campagne électorale ait été surtout marquée par la dénonciation du bolchevisme et il est vrai que l'affiche diffusée à des millions d'exemplaires représentant un moujik hirsute et mal rasé tenant dans un rictus effrayant un couteau entre les dents, d'où dégoulinaient des gouttes de sang, frappa l'opinion. Des dizaines d'années plus tard elle est restée le symbole de la lutte contre le bolchevisme. Mais la condamnation du bolchevisme était si répandue, allait tellement de soi, que l'analyse des professions de foi des candidats montre que le thème est moins omniprésent et moins développé qu'on pourrait le penser. Deux discours ont été les moments les plus importants de la campagne, celui du président du Conseil à Strasbourg et celui d'Alexandre Millerand, le véritable chef du

Bloc national, au théâtre de Ba-Ta-Clan, à Paris, quelques jours plus tard. Les deux discours sont fondés sur l'exaltation de l'union nationale avec chez Clemenceau une insistance particulière sur la volonté, l'énergie que la guerre a réveillée, chez Millerand l'appel au travail, nouveau mot d'ordre national pour remplacer le *« Je fais la guerre »* de Clemenceau. Plus que l'antibolchevisme auquel ils consacrent peu de place dans leurs discours — *« Ceux-là* (les Bolcheviks) *nous n'avons rien à leur dire. Entre eux et nous, c'est une question de force... »* affirme Clemenceau —, les deux hommes politiques (dont il n'est pas indifférent de remarquer que l'un, Millerand, avait été socialiste avant la guerre, et l'autre, Clemenceau, radical) ont donné le nouveau mot d'ordre *national,* volonté et travail, la nouvelle définition de l'union sacrée ou du consensus. Le nouveau consensus ne pouvait plus toutefois s'exprimer à travers l'ensemble de la communauté nationale, mais seulement par l'intermédiaire des formations politiques. Seuls les résultats des élections permettent de dire si cette « captation » du consensus au profit d'un courant politique fut acceptée par la nation, si la nation la reprit à son compte ou si, au contraire, elle ne resta qu'une tentative manquée.

Il est en fait très difficile d'analyser les résultats obtenus par les diverses forces politiques et surtout de les comparer à ceux de 1914. D'abord parce qu'un changement de système électoral modifie le comportement des électeurs, ils s'adaptent en quelque sorte au nouveau système. Ensuite, ce qui était traditionnel, les étiquettes utilisées par les uns et les autres étaient souvent suffisamment floues pour que des décomptes précis ne soient pas facilement réalisables. Enfin, dans le cadre des mentalités de l'époque, on faisait bien davantage attention au nombre d'élus qu'au nombre de voix obtenues par une formation politique. Quant à la notion de pourcentage du corps électoral représenté par chaque formation politique, elle était inutilisée.

En raison de la relative discipline du parti socialiste, il est plus facile d'examiner ses résultats : il avait rassemblé 1 397 373 voix en 1914 et 1 729 307 en 1919. En apparence il avait donc progressé. Dans la pratique c'était moins assuré, en tenant compte des électeurs des départements recouvrés. De plus les socialistes avaient pu, grâce au scrutin de liste, présenter des candidats dans toutes les circonscriptions, ce qui n'avait pas été le cas en 1914, de sorte que la progression en pourcentage du parti socialiste, passant de près de 17 % à 21 %, était la conséquence mécanique du nouveau type de scrutin et aussi du nombre considérable d'abstentions, 28,9 % contre 22,7 % en 1914. En fait, la conclusion la plus sûre est que la représentativité du parti socialiste était restée globalement à peu près la même. Néanmoins, conséquence de son isolement, il avait perdu beaucoup de sièges, n'en obtenant que 68 au lieu de 102 en 1914, et ce recul impressionna l'opinion et les socialistes eux-mêmes qui eurent la sensation d'avoir subi un échec. La désillusion des socialistes fut d'ailleurs encore renforcée par les illusions qu'ils s'étaient faites. Persuadés que les événements avaient donné raison à leur conception du monde, ils avaient été convaincus que l'après-guerre allait le démontrer, en particulier sur le plan électoral.

Il est déjà beaucoup plus difficile d'apprécier les résultats des radicaux qui, dans un certain nombre de cas, avaient été à la bataille électorale sur les mêmes listes que leurs anciens adversaires. Si on suit Serge

Berstein, le radicalisme pour lequel on avait voté en tant que tel connut un recul sensible en voix et un effondrement en sièges. Les radicaux-socialistes qui étaient 165 en 1914 se retrouvent 82 en 1919 (il s'agit des radicaux inscrits au parti radical, pas de la « mouvance » radicale toujours assez floue), et encore sur ces 82, 21 avaient été élus sur des listes du Bloc national ! Il faut toutefois souligner que la majorité des députés radicaux avaient été élus sur des listes purement radicales, et que, parmi eux, beaucoup étaient des nouveaux venus à la Chambre, ainsi Edouard Herriot, Edouard Daladier, Camille Chautemps qui vont être les chefs du radicalisme pendant l'entre-deux-guerres et dont l'ancrage était nettement à gauche.

Recul du nombre des députés socialistes, effondrement de la représentation des radicaux, la grande majorité des députés de la nouvelle chambre avait été élue sur des listes de centre-droit ou du Bloc national à proprement parler. En gros ils représentaient plus des 2/3 des sièges, soit environ 450 sur 616, qui, peu ou prou, se réclamaient ou apparaissaient proches du Bloc national, sans compter d'ailleurs les radicaux élus sur ces listes. La démonstration de la victoire du Bloc national fut faite par Millerand quand il devint président du Conseil le 18 janvier 1920. Son gouvernement, qui comprenait un certain nombre de radicaux, obtenait la confiance par 481 voix contre 70 et 46 abstentions. Dans la pratique les députés du Bloc se partageaient entre plusieurs groupes et de nombreuses tendances à l'intérieur de ces groupes[15], mais ces subtilités n'étaient guère apparues à l'opinion, ni à l'électorat. Le succès n'avait pas été aussi net en suffrages qu'en sièges, parce que c'était le mode de scrutin qui avait permis aux listes du Bloc national d'emporter tous les sièges dans un certain nombre de circonscriptions, mais le centre et la droite obtenaient tout de même une nette majorité, 55,8 % des suffrages exprimés, ce qui était un renversement de tendance par rapport à l'avant-guerre. La captation de l'union sacrée par la droite avait bien été réalisée ; ceux qui s'érigeaient en continuateurs de l'esprit de la période de la guerre, de l'unité de la nation, l'avaient incontestablement emporté. Cela s'était également traduit dans le choix des élus. Seuls 247 députés sortants avaient été réélus, 369 étaient des nouveaux et parmi eux des anciens combattants et des blessés en très forte proportion, d'où le surnom donné à l'assemblée, la *« Chambre bleu-horizon »*. Beaucoup de ces nouveaux députés affirmaient d'ailleurs ne pas vouloir faire de politique, ce qui, à vrai dire, était paradoxal, dans une assemblée par nature politique.

Cette captation du consensus était plus fragile qu'il ne pouvait paraître : non seulement parce que, comme nous venons de le dire, l'unité de la nouvelle majorité était assez fragile et l'instabilité ministérielle qui se manifesta jusqu'en 1922 le montra, mais aussi parce que la minorité socialiste et radicale qui rejetait cette usurpation du consensus n'était pas négligeable. En outre les véritables élus de droite n'étaient guère plus nombreux qu'avant-guerre. La principale innovation était que le centre qui penchait auparavant vers la gauche penchait maintenant vers la droite, que la conjonction entre la droite et le centre s'était réalisée et que la droite avait été réintégrée dans le système politique.

En définitive, l'influence de la guerre sur l'importance relative des différentes forces politiques, au-delà des apparences, est plutôt limitée. Le socialisme marque le pas, le nationalisme aussi (l'Action française a subi une rude défaite aux élections contrairement à ses espérances). Toutefois comme le système républicain a été conforté par la victoire, toutes les forces politiques y trouvent mieux leur place et la jonction entre les modérés de diverses obédiences leur a assuré un rôle qu'ils n'avaient pas auparavant dans la vie politique française, mais dont les prémices apparaissaient déjà[16]. La coalition qui avait voté la loi de trois ans en 1913 peut être considérée comme un avant-goût du Bloc national de 1919, et le Poincaré qui en était le leader, n'est pas très différent du Poincaré qui revient aux affaires à partir de 1922.

La formule que nous avons choisie, celle de « captation du consensus » apparaît donc comme bien adaptée : en raison de l'influence de Clemenceau, de l'esprit encore prégnant de l'union sacrée — une union sacrée qui avait pourtant changé de nature depuis 1914 —, du système de scrutin, en raison aussi des difficultés du radicalisme et de celles du socialisme tiraillé entre son aile révolutionnaire et son aile plus modérée, l'habileté de certains leur avait permis d'en tirer profit sur le plan politique. Mais à la profondeur de l'union de la guerre avait succédé la superficialité des alliances de la paix. C'était à vrai dire logique. La démocratie, parce qu'elle repose sur la compétition des forces politiques, ne peut pas coexister avec le refus de la politique. La transposition d'une formule telle que celle d'*Unis comme au front* ne peut longuement résister aux réalités de la vie d'une société. Prétendre maintenir l'union sacrée ne pouvait être qu'un abus provisoire.

Dans la mesure où, comme nous l'avons dit, le système républicain avait montré sa capacité à résister à la plus grande crise qui soit, après l'apparent triomphe du Bloc national, comme l'a dit René Rémond, tout était en place pour que *« l'après-guerre renoue aisément avec l'avant-guerre »*[17].

LES RUPTURES DU CONSENSUS

Les changements de la société

L'armature sociale de la France du début du XXe siècle est constituée par ses classes moyennes auxquelles on peut intégrer la paysannerie. Dans quelle mesure cette armature avait-elle été affectée par la guerre ? Telle est la question fondamentale qui permet d'analyser les effets de la guerre sur la France et les Français.
Pour le comprendre il est nécessaire de se demander d'abord ce qu'a coûté la guerre et qui l'a payée.

Le coût de la guerre est une notion assez abstraite, car elle inclut aussi bien les dépenses directes que la destruction de biens matériels, la perte de production, la disparition de forces productives due à la mort de nombreux soldats. Alfred Sauvy a estimé à 55 milliards de francs-or la perte de revenu national, soit 15 mois de revenu national de 1913, ou l'équivalent des investissements de onze années[1]. Il est plus facile de connaître les dépenses réelles de chaque belligérant, et en particulier les dépenses exceptionnelles qu'ont été les dépenses militaires. Pour la France, cela correspond à environ 140 milliards de francs-or, si on y inclut les allocations aux familles des mobilisés, les traitements des officiers, l'entretien des soldats, outre les fournitures de guerre à proprement parler. Les dépenses annuelles de l'Etat passèrent ainsi en moyenne de 5 milliards à 38 milliards. L'introduction en 1916 de l'impôt sur le revenu (voté en 1914) rapporta un milliard jusqu'à la fin de la guerre, un impôt extraordinaire sur les bénéfices de guerre (assez léger) un milliard et demi. L'augmentation des impôts indirects fournit davantage, mais au total ce ne fut qu'une part assez minime des dépenses qui fut demandée à l'impôt. Il était difficile de croire que dans un pays où une telle proportion de la population était mobilisée, l'impôt puisse apporter une contribution importante à l'effort de guerre. Seules deux méthodes pouvaient donner les moyens nécessaires. Imprimer des billets nouveaux et emprunter. Imprimer des billets nouveaux, c'était en termes techniques *« augmenter les avances de la Banque de France »* et, plus familièrement, *« faire marcher la planche à billets »*. Alexandre Ribot, ministre des Finances depuis août 1914, en usa avec modération, mais Lucien Klotz, ministre des Finances du gouvernement Clemenceau, le fit sans aucune retenue. La quantité d'or détenue par la Banque de France était à peu près égale au début et à la fin de la guerre grâce à l'apport de l'or que possédaient les particuliers. En dépit de cet élément constant, la « couverture » de la masse monétaire, elle, était passée de 69,4 % en 1914 à seulement 21,5 % en 1919 en raison de l'importance des émissions de nouveaux billets.

La guerre fut toutefois principalement financée par l'emprunt : il y eut en 1915, 1916, 1917 et 1918, les grands emprunts de la Défense nationale popularisés chaque fois par de puissantes campagnes de publicité dont les affiches sont souvent restées des symboles de la guerre. Ils rapportèrent environ 24 milliards. Il y eut des emprunts placés à l'étranger, en Grande-Bretagne d'abord, aux Etats-Unis ensuite, au total — compte tenu des remboursements — 39,5 milliards à la fin de la guerre. La principale source d'emprunts, sous la forme d'emprunts à court terme, fut constituée par les bons du trésor baptisés « bons de la défense nationale », portant un intérêt de 5 % (considérable pour l'époque) et passant de main en main, comme de simples billets de banque. Ribot s'était également montré prudent dans leur émission, ce qui ne fut pas non plus le cas de Klotz. Ils rapportèrent 76 milliards, couvrant à eux seuls plus de la moitié des dépenses de guerre. Cette forme d'emprunt était la plus contestable du point de vue de l'orthodoxie financière parce qu'elle augmentait de façon considérable la circulation fiduciaire.

Si l'on met bout à bout les différentes méthodes utilisées pour financer la guerre, leur résultat le plus évident fut la dégradation de la valeur de la monnaie. Le franc qui était devenu inconvertible légalement depuis le début de la guerre avait perdu dans les faits 71 % de sa valeur par rapport à 1914. En termes modernes, la guerre avait été financée par l'inflation.

Il faut prendre conscience toutefois que le phénomène n'a pas été perçu dans un premier temps parce qu'il avait été ignoré au XIXe siècle. Une anecdote que rapporte Alain Plessis[2] est révélatrice. Peu avant la guerre, le gouverneur de la Banque de Belgique relatait un entretien qu'il avait eu avec un jeune économiste qui était venu lui parler d'un dérèglement des affaires monétaires qu'il appelait — croyait-il — « *inflammation* » *!* Sans tomber dans cet excès, le terme d'inflation est encore rarement utilisé à la fin de la guerre, on parle de la « vie chère », de la hausse des prix des denrées considérée comme scandaleuse. Le terme d'inflation lui-même n'apparaît dans des articles de revues que dans les années 1920-1921.

La méconnaissance du phénomène eut deux conséquences : la première, que la guerre terminée l'on continua avec inconscience à recourir à des méthodes de financement inflationnistes, en se couvrant de l'idée que l'Allemagne paierait et que les dettes seraient remboursées grâce aux réparations allemandes. Ce fut là le leitmotiv de la désastreuse politique financière conduite par le ministre des Finances Klotz. Deuxième conséquence, le public, pendant longtemps encore, crut que les bons du trésor étaient une bonne affaire et ne se déroba pas à en souscrire de nouveaux pour remplacer les anciens.

Dans la pratique, la guerre a donc été payée par ceux qui ont souscrit aux emprunts à long terme, et surtout à court terme qui avaient perdu la plus grande partie de leur valeur quand ils furent remboursés... Or si les classes moyennes n'ont pas été les seules à souscrire, ce sont elles qui devaient en supporter les conséquences les plus dures. Par tradition, les Français qui le pouvaient — il fallait déjà appartenir à des milieux où les revenus dépassaient les dépenses —, économisaient et plaçaient leur argent. Comme le remarque Pierre Sorlin[3], faute de développement suffisant du nombre d'actions industrielles, le portefeuille français était composé d'une forte proportion de titres étrangers et de prêts à l'Etat. Or la guerre avait particulièrement touché ces deux emplois. Sur les 40 milliards de titres étrangers, 18 avaient été perdus dans la chute des Empires russe et ottoman, et les emprunts russes avaient été largement souscrits par des petits porteurs. En ce qui concerne les obligations, celles qui valaient 100 francs en 1914 se négociaient à 81 francs en 1921, mais c'était en nominal. En valeur réelle, elles ne valaient plus que 40 francs-or en 1920.

Par ailleurs le goût pour les placements d'Etat, pour la « rente » n'avait fait que s'amplifier pendant la guerre. Au début de 1919, l'Etat doit ainsi environ 130 milliards de francs qu'il serait bien incapable de rembourser, et qui seront en grande partie épongés par la dévaluation. La fortune mobilière de 1914 est passée en 1924 de 113 milliards de francs-or à 60 ou 70 milliards de francs-papier, soit 15 à 18 milliards de francs de 1914. *« La catégorie sociale des détenteurs de revenus fixes a été ruinée à 85 % par l'inflation et la hausse des prix*[4] *»*. Si la guerre a créé des « nouveaux riches », elle a également créé des « nouveaux pauvres ».

Outre l'appauvrissement très sensible des classes moyennes, ce qui est peut-être encore plus grave pour l'équilibre de la société, c'est l'atteinte portée aux valeurs traditionnelles. Que cette catégorie si originale de la société française de la seconde moitié du XIXe siècle formée par les « rentiers » ait disparu, pourrait être considéré comme peu dommageable pour le dynamisme de la société française. Mais ce qui a été mis en cause, c'est l'esprit d'épargne, le sens de l'aisance obtenue par l'accumulation lente et progressive. Désormais on ne pourra plus compter sur les économies,

« l'esprit d'épargne est apparu comme dépassé »[5]. Comme le souligne Henri Morsel, les jeunes générations pensent qu'il est préférable de profiter immédiatement des richesses obtenues plutôt que d'attendre un avenir incertain.

Au total, sans excès de schématisme, on peut dire que la guerre a été payée par les classes moyennes et qu'elles y ont perdu une partie des valeurs auxquelles elles croyaient. C'était pour la société française un élément de trouble profond, même si, dans l'immédiat, les conséquences pouvaient en être difficilement discernables. Dans la mesure où ce pôle central de la société française fondé sur l'individualisme s'affaiblissait, c'était le chemin ouvert aux grands courants collectifs de droite ou de gauche, c'était à terme le face-à-face de grandes oppositions idéologiques, un pays plus radicalement coupé en deux que par la question religieuse, sans pour autant la faire disparaître. Cette société solidaire et unanimiste, société de petits, ce « peuple » auquel croyaient les radicaux, risquait bien d'éclater et de faire place à une autre société où les oppositions de classes seraient beaucoup plus claires et beaucoup plus tranchées.

Le sentiment d'une transformation de la société était renforcé par l'apparition d'un nouveau patronat issu de la guerre et par le dynamisme plus grand des chefs d'entreprise. Les commissions créées pendant le conflit avaient disparu une fois la paix revenue, mais beaucoup d'industriels y avaient participé. Ils avaient été impressionnés par l'impulsion que leur avaient donnée les ingénieurs et les techniciens rassemblés par le polytechnicien Louis Loucheur au ministère de l'Armement, puis à celui de la « Reconstruction industrielle ». Un certain nombre d'industriels étaient allés aux Etats-Unis étudier les méthodes de production américaines. Un grand nombre de jeunes ingénieurs, ne serait-ce que les polytechniciens, nombreux après la guerre à abandonner le métier militaire, viennent renforcer la direction des entreprises. Il ne faudrait toutefois pas exagérer l'ampleur de ce mouvement. Ce sont les entreprises moyennes qui connaissent encore les taux de croissance les plus élevés, même si on peut mettre en évidence les succès de Renault et de Citroën dans l'automobile, d'Ernest Mercier dans l'électricité. La France reste surtout un pays de petites entreprises[6]. En 1926 plus des 4/5èmes des établissements industriels emploient moins de six salariés. Dans un secteur concentré comme l'automobile, Renault, Citroën et Peugeot ne réalisent en 1925 que 56 % du chiffre d'affaires total.

Société de classes moyennes, la France était aussi restée profondément une société rurale. Or si les premières ont payé la guerre avec leur argent, les paysans, eux, l'ont payée avec leur sang. 673 000 agriculteurs ont été tués, 500 000 ont été trop gravement blessés ou mutilés pour pouvoir participer comme avant au travail agricole, sans oublier les 7 407 instituteurs tués pendant la guerre et dont beaucoup étaient des instituteurs ruraux.

Les paysans qui estiment avoir bien « mérité de la patrie » ne sont pourtant pas jugés comme tels par les gens des villes. Comme le dit Michel Augé-Laribé[7] — spécialiste des problèmes de l'agriculture de cette époque — le paysan est perçu comme un profiteur de guerre, comme le responsable de la « vie chère », comme un enrichi qui ne paie pas sa part d'impôt. Moqué dans le passé pour sa « misère » et sa « bêtise », il lui est reproché désormais l'argent qu'il a gagné.

Il est vrai que les prix des denrées alimentaires ont considérablement augmenté pendant la guerre, mais outre que le prix de vente aux consommateurs pouvait être assez supérieur au prix payé aux producteurs, toutes les productions n'avaient pas également profité de cette augmentation. En raison des taxations, la culture des céréales avait été peu profitable, contrairement à l'élevage ou à la viticulture. Les principaux bénéfices avaient été réalisés avec la vente des produits de la basse-cour, volailles et œufs, celle du lait et des légumes. Les petites exploitations en avaient souvent tiré des bénéfices appréciables. Néanmoins, même si on considère que la paysannerie a en moyenne accumulé des économies substantielles, il est important de savoir ce qu'elle a pu en faire, compte tenu qu'au même moment, en tant que consommateurs, les paysans étaient également touchés par la « vie chère ».

Dans le domaine des dettes, l'augmentation du prix de la vie n'en avait pas modifié, par la force des choses, la valeur nominale. Or l'agriculture française était fortement endettée avant la guerre : peut-être 10 à 20 milliards par rapport à une valeur totale de la propriété rurale bâtie ou non bâtie de 70 milliards ! Une fraction importante de cette dette avait été liquidée, au point qu'en 1920 il était difficile aux rentiers qui avaient l'habitude de placer leur argent en prêts hypothécaires de trouver des emprunteurs nouveaux.

Leurs économies ont surtout permis aux paysans d'acheter des terres. La valeur de la terre a continué d'être très variable d'une région à une autre, mais, en moyenne, la hausse des prix de la terre a été inférieure à la dépréciation du pouvoir d'achat de la monnaie : ainsi une propriété de 20 000 francs en 1914 se vendait 30 000 francs en 1919, alors que 20 000 francs en 1914 permettaient d'acheter 40 vaches, et 30 000 en 1919 même pas 20 ! Les vignes, les prairies, les vergers, les terres maraîchères étaient très demandés et les terres à blé relativement peu. Dans les secteurs en vogue il était quelquefois difficile aux cultivateurs d'acquérir des terres nouvelles, mais, globalement, il est certain qu'à l'issue de la guerre le volume des dettes de la paysannerie a considérablement diminué, et que la quantité de terres qui lui appartenait a notablement augmenté. Dans un premier temps au moins, la petite propriété terrienne s'est sans aucun doute renforcée. En revanche, le mouvement d'exode rural — malgré les pertes de la guerre — ne s'arrête pas. Il affecte en particulier les salariés agricoles, d'autant plus que les transports et l'industrie, en particulier en raison de la reconstruction, demandent de la main-d'œuvre. Michel Augé-Laribé cite l'exemple des 140 000 emplois créés dans les chemins de fer à la suite de l'établissement de la loi de huit heures. Ce sont surtout des ruraux qui vont remplir ces postes. Au total, en 1921 il y a 540 000 journaliers de moins qu'en 1906, et la crise de la main-d'œuvre est un des grands problèmes de la campagne, surtout dans les régions de grandes exploitations. C'est d'ailleurs le moment où s'approfondit la différence entre l'agriculture moderne du Nord et du Bassin parisien, utilisant les machines agricoles, et l'agriculture très traditionnelle de la moitié sud.

Les économies faites pendant la guerre ont donc été largement absorbées par les achats de terres, mais aussi par les dépenses différées, matériel qui n'avait pu être remplacé, engrais dont l'utilisation avait été réduite pendant la guerre. La vision urbaine d'un paysan enrichi n'est pas totalement fausse, surtout par rapport au paysan misérable de l'avant-guerre, mais les agriculteurs se sont retrouvés rapidement dans des conditions matérielles difficiles quand les avantages de l'augmentation des prix ont été épuisés et que la baisse des prix agricoles s'est amorcée. Néanmoins ce paysan de l'après-guerre a beaucoup changé au plan des mentalités. Si le paysan d'avant 1914 n'était peut-être pas toujours aussi résigné que Michel Augé-Laribé l'a décrit, celui d'après-guerre fut rapidement un mécontent dont l'insatisfaction était attisée par le sentiment que la nation avait bien vite oublié ce qu'elle lui devait.

Dire que la guerre a bouleversé les structures sociales de la France serait exagéré ; les ruptures dans la communauté nationale se sont produites à un autre niveau, celui des mentalités. Des classes moyennes appauvries, des paysans enrichis (en apparence au moins, et souvent en réalité), mais mécontents ; voilà deux fractions considérables de la société atteintes. Il était normal que, la guerre terminée, la communauté nationale ait tendance à se fissurer. Même si on ne doit pas généraliser ni exagérer, quand Lucien Descaves, par exemple dans *L'Intransigeant* du 29 janvier 1922, décrivait cette voiture conduite par un chauffeur et sur les coussins de laquelle se prélassaient un fermier et *son veau !,* cette vindicte et ces excès n'étaient pas de nature à renforcer la cohésion de la société.

La tentation révolutionnaire

De l'affaiblissement du centre de gravité de la société française pouvait découler une autre conséquence. La manifestation des velléités révolutionnaires engendrées par un traumatisme comme la Première Guerre mondiale n'allait-elle pas en être facilitée ?

Le 13 octobre 1918, celui qui, pendant la guerre, avait longtemps incarné le courant pacifiste avant de se détourner du défaitisme, Alphonse Merrheim, déclarait à la Bourse du Travail :

« Pour nous la vraie guerre commencera le lendemain de la signature de la paix. A ce moment, nous nous dresserons contre nos exploiteurs, et il ne faudra pas que nous soyons vaincus comme nous l'avons été en août 1914. »

Merrheim représentait-il la pensée ouvrière ? Après s'être retrouvée bien davantage intégrée à la nation qu'on ne pouvait le penser, la classe ouvrière avait — malgré une impatience grandissante — collaboré à la défense nationale jusqu'à la fin de la guerre. L'armée n'avait pas manqué des équipements et des munitions dont elle avait besoin. Cette classe ouvrière avait-elle maintenant acquis le sentiment qu'elle avait vraiment sa place dans la nation ou continuait-elle de penser que cette société n'était pas la sienne et qu'elle devait contribuer à la renverser ?

Dans cette perspective, l'attitude face à la Révolution bolchevique et à la stratégie mondiale de cette Révolution risquait d'être déterminante. Comme nous l'avons vu, l'influence de la Révolution bolchevique avait été très limitée en France tant que la guerre avait duré ; il ne pouvait plus en être de même désormais. Pour les socialistes français qui s'étaient toujours affirmés révolutionnaires, qui l'avaient répété dans leur programme lors des élections de 1919, il n'était plus possible d'ignorer la Révolution qui se faisait, la *« grande lueur à l'est »*.

Lors de la campagne électorale de 1919, les candidats socialistes avaient adopté des positions variées : ils étaient à peu près unanimes pour protester contre l'intervention militaire, contre l'envoi de soldats en Russie ; pour le reste c'était une véritable cacophonie. Dans telle profession de foi, on estimait être trop mal renseigné pour porter un jugement sur la Révolution bolchevique ; mais l'attitude la plus fréquente était de protester contre toute assimilation avec le bolchevisme, en ajoutant que l'adversaire utilisait de tels arguments pour des raisons bassement électorales, afin de faire jouer à son profit la vieille peur du rouge, du « partageux ». Certains candidats n'hésitaient même pas à retourner l'argument à leur profit en expliquant que seul le vote socialiste permettait à terme d'éviter le bolchevisme à la France !

Plus argumenté, le programme de la liste conduite par Joseph Paul-Boncour et Léon Blum proclamait qu'il n'était pas dans les intentions des socialistes d'importer en France les formes russes de la Révolution, mais qu'ils se déclaraient solidaires d'un peuple qui luttait pour sa libération, pour son affranchissement.

Sans faire référence au bolchevisme, une autre liste conduite par Bracke affirmait que, pour établir la société souhaitable, il faudrait faire une révolution qui serait plus ou moins violente en fonction des résistances qu'elle rencontrerait.

Il y avait enfin un certain nombre de candidats socialistes pour s'identifier aux bolcheviks, pour approuver sans réserves ce qui se faisait en Russie et souhaiter qu'il en soit de même en France.

On ne peut déterminer l'attitude des masses populaires face au phénomène bolchevik en fonction des résultats obtenus par les différentes listes socialistes, car telle liste pouvait soutenir une attitude révolutionnaire dans un département où l'influence socialiste était très faible, ce qui n'aurait pas grand sens. Il est plus facile de tirer des conclusions de la comparaison des résultats obtenus par les socialistes en 1914 et 1919, en tenant compte des positions des militants socialistes par rapport à la IIIe Internationale. Or il apparaît que ces résultats comparés furent les moins bons dans les vingt départements où les socialistes adversaires du bolchevisme avaient les positions les plus fortes. On a pu en déduire[8] que si les candidats socialistes étaient très divisés, il y avait en revanche un courant favorable à la Révolution bolchevique dans l'électorat socialiste.

L'évolution du mouvement socialiste, et d'une façon plus large du mouvement ouvrier, allait d'ailleurs le montrer.

Sous différentes formes l'agitation fut vive presque tout au long de l'année 1919[9]. Agitation extérieure avec des mutineries ou des tentatives de mutineries, dès octobre 1918, parmi les marins ou les soldats envoyés pour participer à la lutte contre le bolchevisme en Mer Noire ou dans la Méditerranée orientale. 102 marins et 28 soldats furent jugés pour ces faits, principalement en 1919, leurs condamnations provoquant à leur tour des campagnes en faveur de l'amnistie. Le capitaine Jacques Sadoul, envoyé en Russie en 1917 avec une mission militaire française, était passé du côté du bolchevisme. Il fut condamné à mort par contumace le 8 novembre 1919.

Agitation intérieure, avec d'importantes manifestations de protestation à la suite de l'acquittement de Raoul Villain, le meurtrier de Jaurès, le 29 mars 1919. Agitation très forte également pour le 1er mai 1919 : la manifestation syndicale est interdite, mais elle donne lieu à des affrontements violents : barricades, tramways renversés, un jeune manifestant est tué, et son enterrement est l'occasion de très grosses manifestations. Pendant tout l'été, des mouvements de grèves se poursuivent sporadiquement, en particulier chez les métallurgistes parisiens.

C'est toutefois en 1920 que les mouvements sociaux les plus importants eurent lieu. Les cheminots en furent le fer de lance. Une première grève en janvier 1920 avait touché une grande partie de Paris-Orléans, une seconde en février le réseau du PLM.

La combativité manifestée à cette occasion par les employés des chemins de fer convainquit les syndicalistes les plus proches du bolchevisme que le moment était favorable pour engager un grand combat de classe auquel seraient appelés tous les cheminots, en attendant l'extension à l'ensemble des travailleurs. Même si cette idée n'était pas toujours formulée, cette action pouvait conduire à une révolution imitée de celle des bolcheviks. Or, lors du congrès des cheminots qui s'ouvre le 21 avril 1920 à Paris, la tendance communisante derrière Gaston Monmousseau l'emporte sur la tendance modérée dirigée par Marcel Bidegaray. La Fédération des cheminots décide la grève pour le 30 avril à minuit. Placée devant le fait accompli, la CGT ne pouvait pas se dérober. Sa direction, autour de Léon Jouhaux, n'avait pas de sympathie pour le bolchevisme. Elle souhaitait également un combat de classe, mais pas pour faire la révolution ; seulement pour réaliser le nouveau programme de la CGT établi en novembre 1918 et qui faisait une large place aux nationalisations. Pour soutenir l'action des cheminots, elle décida de lancer dans la grève par vagues successives les différents corps de métier, mineurs, dockers, métaux, bâtiment...

Les compagnies de chemins de fer s'étaient préparées à ce choc social en faisant appel aux retraités, à des volontaires, élèves des grandes écoles par exemple, pour remplacer les cheminots grévistes, plus de la moitié des agents étant d'ailleurs non grévistes. Après quelques jours d'incertitude, il apparut que la grève échouait. La Commission administrative de la CGT, qui s'était transformée en comité central de grève le 4 mai, votait la reprise du travail pour le 22 mai et les cheminots à leur tour terminaient la grève le 28 mai.

La répression fut extrêmement sévère : outre de nombreuses arrestations pendant la grève elle-même, la CGT était poursuivie, condamnée en décembre 1920 à la dissolution (qui resta lettre morte), et environ 20 000 cheminots furent révoqués.

L'affaire avait été ambiguë en ce sens que les objectifs des « majoritaires » de la CGT et des « minoritaires » communistes avaient été très différents. C'était surtout pour éviter les accusations de trahison dont elle était régulièrement abreuvée que la CGT s'était lancée dans ce combat. Il n'empêche qu'il avait représenté un affrontement social d'une importance particulière, que si la puissance de l'Etat l'avait emporté, le pouvoir avait véritablement tremblé sur ses bases dans les premiers jours du mois de mai 1920. La rupture du consensus national était nette. L'opposition n'était pas simplement entre « bourgeoisie » d'un côté et classe ouvrière de l'autre — une large fraction de la classe ouvrière, ou bien n'avait pas participé, ou bien n'avait pas eu d'objectifs révolutionnaires — mais la vigueur des actions de certains grévistes pendant le mouvement et la violence de la répression avaient montré la fracture de la communauté nationale. L'acuité de l'antagonisme peut être mesurée à l'attitude des dirigeants des Compagnies. Pressés en 1924 de réintégrer les révoqués de 1920, ils déclarèrent : *« Nous n'en devons aucune* (réparation) *à des gens qui sont des malfaiteurs. »* Ou encore : *« Nous serions des criminels antipatriotes, si nous faisions quoi que ce soit. »* L'allusion au patriotisme était lourde de sens quant à la façon dont les « partenaires » sociaux étaient considérés.

La rupture sociale ne fut que l'illustration et le pendant de la rupture politique qui se préparait. Il fallut deux années au socialisme français, 1919 et 1920, pour choisir sa route : rester dans la communauté politique nationale ou en sortir avec éclat, même si la question ne fut pas formulée ainsi. Pour les socialistes, il s'agissait de choisir entre reconstruire la IIe Internationale, adhérer à la IIIe Internationale quand elle fut créée par Lénine en mai 1919, ou se maintenir à mi-distance avec une Internationale dite *« deux et demie » !*

Depuis octobre 1917 quelques centaines de militants avaient adhéré au bolchevisme. Ils s'étaient d'ailleurs divisés en deux courants[10]. D'une part l'*Ultra-gauche,* issue du Comité de Défense syndicaliste et surtout composée de syndicalistes anciennement anarcho-syndicalistes. Ceux-ci retenaient uniquement de l'expérience bolchevique la création de « Soviets », et non le rôle essentiel du parti bolchevik. Cette Ultra-gauche créa en 1919 un parti communiste, sans liens avec Moscou, qui se désagrégea rapidement.

Un second courant d'autre part avait fondé le *Comité de la IIIe Internationale,* qui, lui aussi, était issu d'une organisation de la période de guerre, le *Comité pour la reprise des relations internationales,* formé à la fois de socialistes et de syndicalistes, et dirigé par un instituteur socialiste Fernand Loriot, qui fut reconnu pendant un temps par Lénine comme *« le chef du communisme français »*. Mais un mouvement communiste ne pouvait véritablement se créer en France que dans la mesure où les masses socialistes y participeraient. L'échec des élections de 1919 qui avait empêché les socialistes d'être l'âme de la reconstruction nationale, l'échec des mouvements sociaux de 1920 ensuite, rejetaient presque obligatoirement les socialistes vers la tentation révolutionnaire, et, dans l'immédiat, vers celle du bolchevisme. La montée de ce courant révolutionnaire parmi les socialistes s'était d'ailleurs déjà fait sentir : lors du congrès de Paris en avril 1919, l'extrême-gauche avait rassemblé 270 mandats contre 757 à la droite et 894 au centre ; au congrès de Strasbourg (février 1920), les trois tendances avaient réuni respectivement 1 621, 337 et 3 031 mandats. L'affaiblissement très sensible de la droite du parti renforçait d'autant le poids de la gauche, même si le centre continuait à dominer. Le 9 mars 1920 la Commission administrative permanente (CAP) du parti socialiste décida d'envoyer à Moscou Marcel Cachin et Jean Longuet. Ce dernier, malade, fut remplacé par le secrétaire général du parti, Ludovic Frossard. Après leur séjour à Moscou, où ils avaient assisté au IIe congrès de l'Internationale communiste (19 juillet - 7 août 1920), Cachin et Frossard rentraient en France convaincus qu'il fallait refaire l'unité du mouvement socialiste autour de la IIIe Internationale et que les conditions posées par les bolcheviks à leur adhésion (neuf, puis 21 conditions) n'étaient pas inacceptables. Cachin et Frossard engagèrent donc une campagne pour l'adhésion à la IIIe Internationale, et pendant les derniers mois de l'année 1920, à l'intérieur des sections socialistes, une grande bataille se déroula entre partisans et adversaires de l'adhésion. Lorsque le XVIIIe congrès du parti socialiste s'ouvrit à Tours le 25 décembre 1920, les jeux étaient faits : une majorité de délégués étaient mandatés pour voter l'adhésion à l'Internationale communiste. Malgré les discussions passionnées qui s'y déroulèrent, la seule incertitude du congrès fut de savoir ce que serait l'attitude du groupe animé par Jean Longuet et Paul Faure qui n'était pas hostile à l'adhésion, tout en faisant de sérieuses réserves sur ses conditions. Finalement la motion en faveur de l'adhésion rassembla 3 208 mandats, soit 67,3 %, et la majorité ainsi constituée créa le parti communiste, tandis que la minorité faisait scission autour de Jean Longuet et Léon Blum pour maintenir l'ancien parti socialiste.

Un journal comme *Le Temps* ne s'y trompa pas. L'issue du congrès de Tours traduisait bien une poussée révolutionnaire. Il écrivait le 1er janvier 1921 : *« On ne pourra pas dire* (...) *que le parti communiste dissimule ses intentions : il se déclare résolu à tirer systématiquement parti de toutes les circonstances, de toutes les occasions pour réaliser la révolution bolchevique* (...). *Le pays est prévenu par ceux qui veulent sa ruine et sa destruction* (...). *Le pays saura se défendre et triompher de qui ose le menacer du désordre et de l'anarchie où a misérablement sombré la grande Russie. »*

A vrai dire cette poussée révolutionnaire était plus limitée et plus ambiguë qu'il pouvait paraître à première vue.

Les conditions internationales ne lui étaient guère favorables : le deuxième congrès de l'Internationale s'était déroulé alors que l'armée rouge marchait sur Varsovie et au moment où Lénine prophétisait que la Révolution allait déferler à travers l'Europe. Dans ce contexte l'adhésion des socialistes français au bolchevisme s'inscrivait dans la perspective de la victoire de la

Révolution mondiale, les socialistes français donnaient la main aux révolutionnaires des autres pays européens. Au mois de décembre 1920, on n'en était plus là : le 15 août, l'armée rouge avait été refoulée par l'armée polonaise. Quelques mois plus tard, en mars 1921, par le traité de Riga, la Russie soviétique reconnaissait sa défaite en abondonnant une vaste zone de territoire habitée d'Ukrainiens et de Biélo-Russes : la défaite contre la Pologne avait convaincu Lénine que la Révolution mondiale devait être remise à plus tard et il allait même se désintéresser de l'Internationale. La création d'un parti communiste en France s'était faite à un moment de repli du mouvement révolutionnaire.

Au surplus, l'adhésion d'une majorité de socialistes français à la IIIe Internationale n'était pas exempte d'ambiguïtés. Qu'étaient d'abord ces socialistes ? Sur près de 100 000 adhérents en 1919, trois sur quatre avaient adhéré au cours de l'année. Une part de ces « nouveaux » adhérents était certes des anciens qui n'avaient pas maintenu leur adhésion pendant la guerre, mais le parti socialiste était malgré tout très largement formé de jeunes adhérents dont beaucoup étaient des ruraux. Or il est assez peu vraisemblable qu'ils aient été en profondeur des partisans de la Révolution sociale. En fait, même si ce n'était pas le cas de tous, il semble bien que leur motivation essentielle ait été la haine de la guerre, qu'ils l'aient faite ou non, et qu'ils aient vu dans la IIIe Internationale plus le mouvement contre la guerre que le mouvement révolutionnaire. Quant aux adhérents plus anciens, il y avait aussi de très grandes confusions concernant les motivations de leur ralliement. Beaucoup étaient persuadés que les *« conditions »* imposées par Moscou étaient *« verbales »* et ne seraient pas respectées, qu'on ferait comme on avait l'habitude, que le parti socialiste continuerait sa pratique traditionnelle où les membres disposaient d'une très grande liberté et montraient peu de discipline. Aussi, les avertissements de Léon Blum sur ce parti nouveau, différent, qu'on leur proposait, avaient laissé de marbre la plupart des délégués à Tours. Parmi les dirigeants favorables à l'adhésion, l'attitude pendant la guerre n'était pas non plus un élément de discrimination très déterminant. Des « minoritaires » de guerre comme Longuet ou Paul Faure avaient été rejetés ou avaient refusé l'adhésion, alors que des « majoritaires » de guerre comme Marcel Cachin se trouvaient dans le camp de l'adhésion, dans le camp du bolchevisme...

Les ambiguïtés du congrès de Tours expliquent d'ailleurs que le « grand » parti communiste de 1921 (110 000 adhérents) face au « petit » parti socialiste (40 000) ait très rapidement fondu et que le parti socialiste ait récupéré une bonne part de ces adhérents un moment perdus, à commencer par le premier secrétaire général du nouveau parti communiste, Ludovic Frossard.

Dans le prolongement de la scission du mouvement socialiste, la scission affecta également le mouvement syndical. Les communistes voulaient, aidés par les anarchistes, chasser de la CGT Jouhaux et ses partisans et adhérer à l'Internationale syndicale rouge. Ils n'y parvinrent pas et furent expulsés de la centrale en 1921. Ils créèrent une nouvelle confédération, la CGTU (unitaire), qui, d'ailleurs, perdit dans les années suivantes ses adhérents non communistes.

A court terme, la première implantation d'un mouvement communiste était assez largement un échec en France. A plus long terme, le mouvement communiste devait connaître le succès. Dans l'immédiat, s'était constitué un groupement cohérent qui était en rupture totale avec le reste de la communauté nationale. Le communisme fut d'ailleurs considéré dès l'abord comme porteur de valeurs différentes, inacceptables et inassimilables, ce que Georges Pompidou traduisait plus de cinquante ans plus tard par une formule lapidaire : *« Il y a les communistes et les autres... »*. Il n'est pas sans importance non plus de considérer que la guerre, plus que l'état de la société, a été responsable de la naissance du mouvement communiste. C'est par l'horreur de la guerre que beaucoup étaient venus au communisme. Après avoir porté au plus haut le consensus national, la guerre était responsable de la rupture la plus profonde de la société française.

Une France victorieuse, agressive et craintive

Le trouble qui a gagné la France et les Français est exprimé par le contenu contradictoire de ces trois adjectifs : victorieuse, agressive et craintive.

Au moment où débutèrent les discussions sur les traités de paix, l'opinion publique française fut victime d'une double illusion[11]. A gauche, et en particulier chez les socialistes, on céda à l'illusion du wilsonisme. Le président américain est arrivé en France — geste tout à fait spectaculaire et inattendu — pour participer à la conférence de la paix dont il apparaît comme un nouvel apôtre. A l'écoute des peuples, il reçoit volontiers des délégations de toutes sortes, on peut compter sur lui pour faire justice des « nationalismes » européens et concourir à l'établissement d'une paix idéale. Toute une « mythologie » du wilsonisme s'est établie, faisant du président américain un champion du pacifisme, une sorte d'anti-Clemenceau. En outre, ce qui était sensible au moins à l'aile gauche des socialistes, Wilson se montrait plus libéral que ses partenaires européens dans son approche du bolchevisme.

Mais, pour une grande majorité de l'opinion française, l'illusion était presque exactement inverse. Clemenceau était leur champion face à Wilson. Il serait l'homme de la *« paix française »*, celle donnant à la France toutes les satisfactions qu'elle pouvait souhaiter. L'opinion française continuait de penser en *« guerre française »* et la conception de la *« guerre mondiale »* lui restait étrangère. Dans ce cadre, Clemenceau « le Tigre » allait encore terrasser ses adversaires. Position qui était tout aussi génératrice d'illusions que la précédente. On n'avait guère porté attention à la déclaration du président du Conseil devant la Chambre des députés le 29 décembre 1918, où il avait affirmé qu'il ferait *« tous les sacrifices »* au maintien de l'entente entre les quatre grands vainqueurs.

Dans ces conditions, l'établissement des traités où la position française ne pouvait l'emporter en permanence, les inévitables compromis, provoquèrent de graves désillusions et de fermes oppositions.

L'opposition fut particulièrement vive dans les milieux politiques : à gauche, on trouva les traités trop durs, pas assez wilsoniens, à droite, trop mous, les précautions prises envers l'Allemagne insuffisantes. Quant à l'opinion publique globale, elle s'était assez vite désintéressée de ces discussions : elle était en fait davantage préoccupée de reprendre la vie normale, d'échapper à la « vie chère », à la crise économique, aux grèves, que d'épiloguer sur un traité dont il paraissait évident qu'il n'était pas celui que la France avait voulu, mais qui avait été imposé par les Anglo-Saxons.

Plus que de la déception, l'opinion publique manifesta son amertume, bien convaincue de l'impossibilité de faire mieux sur les deux chapitres « sécurité » et « réparations », compte tenu de la personnalité de Clemenceau. En conséquence, on ne croit plus guère à ce qui avait été un leitmotiv pendant le conflit, que cette guerre serait la dernière. Il n'était que trop prévisible, à voir les difficultés que l'application des traités allait provoquer, que la paix était grosse de nouveaux conflits. Deux politiques contradictoires découlèrent de cette conviction. D'un côté, qu'il fallait tirer le maximum des traités, les faire appliquer intégralement et sans faiblesse, refuser tout compromis, ce fut le *poincarisme.* De l'autre, que le mieux était de s'entendre avec l'Allemagne puisqu'on ne pouvait guère compter sur les Alliés, à terme ce fut le *briandisme.* Les deux politiques furent suivies successivement.

Victorieuse et mécontente, la France allait le montrer d'abord par l'agressivité de sa politique, agressivité consciente ou inconsciente. Première constatation, dans les années qui suivent immédiatement la guerre, l'armée française est partout. Le futur général de Gaulle dans son ouvrage *Le fil de l'Epée* en faisait le recensement : elle doit *« ... garder le Rhin, occuper Francfort, Düsseldorf, la Ruhr, prêter main forte aux Polonais, aux Tchèques, demeurer en Silésie, à Memel, au Schleswig, surveiller Constantinople, rétablir l'ordre au Maroc, réduire Abd-El-Krim, soumettre la "tache" de Taza, s'opposer aux rezzous sahariens, prendre pied au Levant, pénétrer en Cilicie, chasser Fayçal de Damas, s'installer sur l'Euphrate et le Tigre, réprimer l'insurrection du djebel Druze, montrer la force en tous points de nos colonies d'Afrique, d'Amérique, d'Océanie, contenir en Indochine l'agitation latente, protéger au milieu des émeutes et des révolutions nos établissements de Chine* ». Cette récapitulation n'était même pas complète, car des soldats français s'étaient aussi trouvés à Fiume et surtout en Russie : pour soutenir les forces blanches, des contingents français avaient débarqué à Mourmansk et à Odessa. La flotte française était dans la Mer Noire. A partir de la Roumanie, le général Berthelot prévoyait l'engagement de 150 000 hommes en Russie. Le maréchal Lyautey en 1920 s'en inquiétait : « *On a endossé plus de charges qu'il n'est matériellement possible à ce pays d'en porter* »[12]. Toutes ces entreprises, il est vrai, n'évoluèrent pas favorablement, en particulier l'intervention en Russie en raison — entre autres — du comportement des soldats et des marins qui comprenaient mal qu'on veuille les engager — à peine la guerre terminée — dans un nouveau conflit où ils n'avaient que faire. Les « mutineries » dites de la Mer Noire — en fait l'agitation toucha des unités maritimes réparties dans toute la Méditerranée orientale —, montrèrent qu'il n'était guère possible de continuer.

Il n'en reste pas moins que ce pays qui n'arrêtait pas de se plaindre qu'on n'avait pas suffisamment songé à sa sécurité, était singulièrement actif : la France prend l'allure d'une puissance militariste qui montre sa force un peu partout en Europe et dans le monde. Ce n'est pas sans inquiéter les alliés anglais, toujours soucieux d'équilibre européen, et qui ne sont pas prêts à accepter qu'à la suprématie continentale de l'Allemagne se substitue par la bande la suprématie française. Or la politique d'exécution des traités, en particulier dans le domaine des réparations, dissimule mal une politique rhénane qui avait pour but de créer un Etat rhénan séparé de l'Allemagne et sous influence française[13]. Le maréchal Foch n'avait jamais admis que la frontière de l'Allemagne ne soit pas sur le Rhin (entre la frontière française et la frontière hollandaise). Il ne cessa d'inspirer une politique qui visait à obtenir ce que le traité de Versailles avait refusé, en utilisant les mouvements séparatistes de Rhénanie ou la mauvaise volonté allemande à accepter d'abord le chiffre des réparations, puis à payer... Cette politique échoua et l'occupation de la Ruhr en 1923 en fut le dernier éclat. La défaite du Bloc national, lors des élections de 1924, ne fut pas sans rapport avec l'inquiétude provoquée dans l'opinion française par une politique extérieure si agressive, et le Cartel des Gauches, avec Herriot, liquida l'entreprise.

Cette politique de puissance se traduisit aussi sur le plan des alliances : pour contenir l'Allemagne, mais pas seulement pour cela, un véritable système français s'installa sur le Continent. A défaut de l'ancienne alliance de « revers » que constituait l'alliance russe, des alliances sont conclues avec la Pologne en 1921, en 1924 avec la Tchécoslovaquie qui, par ailleurs, était engagée dans la *Petite-Entente* avec la Yougoslavie et la Roumanie.

Politique de puissance aussi sur le plan économique : projet sidérurgique autour de la Lorraine et de la Sarre dont la France a acquis les mines, appuyé sur des livraisons de charbon allemand. Le but était de supplanter l'industrie sidérurgique allemande sur les marchés européens et en Allemagne même, de profiter des circonstances pour remplacer les intérêts allemands et austro-hongrois en Europe centrale : en Tchécoslovaquie où la firme Schneider contrôle les usines Skoda, en Yougoslavie, en Pologne, en Roumanie, les intérêts industriels français prennent une place importante. Par rapport à l'avant-guerre, ce ne sont d'ailleurs plus les banquiers qui tiennent la barre, mais les industriels. Considérablement renforcés par la guerre, leurs moyens accrus, des industriels comme Schneider se sont échappés de la dépendance des banques[14].

Il ne faut toutefois pas exagérer cette expansion française en Europe balkanique ; les capitaux américains sont presque aussi importants que les capitaux français en Pologne et les capitaux anglais l'emportent sur les capitaux français en Tchécoslovaquie...

Le paradoxe de cette politique de puissance fut que, très rapidement, elle se combina avec la défaillance de l'outil militaire qui était censé la soutenir.

Sans le concours américain, les armées française et britannique auraient peut-être perdu la guerre, ou, pour le moins, auraient été incapables de la gagner. La guerre terminée, l'armée française n'en apparaissait pas moins comme la première du monde, et elle l'emportait en particulier par son aviation et par ses chars d'assaut. Le général Estienne, théoricien et réalisateur de l'arme blindée, celui des chefs militaires français qui avait véritablement eu la prescience dès l'année 1914 de ce que serait la guerre moderne, rédigea en 1919 une *Étude sur les missions des chars blindés en campagne* où il avait prévu ce que serait l'utilisation des chars et de l'aviation dans un prochain conflit. Il n'en fut guère tenu compte et l'armée française laissa rapidement tomber son arme aérienne et son arme blindée. En relativement peu de temps l'armée française se transforma *« d'une force offensive d'intervention en un cadre d'instruction qui n'était même pas apte à la défensive* »[15]. On le constate moins à travers les plans de mobilisation qu'à travers les conceptions de l'emploi des forces armées.

En effet, dans un premier temps, même si la France restait hantée par l'idée de la supériorité démographique et industrielle de l'Allemagne que les traités n'avaient pas substantiellement entamée, l'occupation de la rive gauche du Rhin pour les quinze ans à venir et la réduction de l'armée allemande à 100 000 hommes assuraient une confortable supériorité à l'armée française. Le plan d'opération T (transitoire) (mai 1920 - mai 1921) et le plan P (provisoire) (juin 1921 - mars 1925), ainsi que le plan A qui recouvre partiellement le précédent (janvier 1924 - juin 1926) reposent sur des conceptions offensives : porter immédiatement la guerre en Allemagne. Ce n'est que dans un second temps que l'évacuation progressive de la rive gauche du Rhin (le 31 janvier 1926 se termine l'occupation de la zone de Cologne), le besoin de troupes sur d'autres théâtres, Syrie, Maroc, ont conduit à des conceptions défensives destinées à assurer la protection des frontières.

Mais la conception de l'emploi des forces qui a été établie très tôt, poussait inéluctablement à choisir une option défensive. Contenue dans l'*Instruction provisoire sur l'emploi tactique des grandes unités* de 1921, et tirant les conséquences de la Grande Guerre, elle définissait la doctrine stratégique française. Le feu primait sur la manœuvre ; la méthode, l'organisation étaient mises en valeur au détriment de l'initiative. La stratégie qui s'en inspirait était d'user l'ennemi, et, en attendant la contre-offensive victorieuse, de ne pas laisser violer le territoire national. Une idée-force : ne pas recommencer les abominables tueries du début de la guerre de 1914. Un pays comme la France ne pouvait pas se permettre de payer une nouvelle fois le prix de l'offensive à outrance. Sa démographie était bien trop faible.

La traduction de ces conceptions était à terme la construction d'une ligne fortifiée à l'abri de laquelle le pays ne risquerait plus l'invasion. La ligne Maginot était en germe.

A vrai dire, cette conception ne l'a pas emporté sans lutte. Lors de sa séance du 22 mai 1922, le Conseil Supérieur de la Guerre a eu à débattre des *« Principes de l'organisation défensive du territoire »,* et une controverse éclate alors entre le maréchal Pétain partisan de *« l'inviolabilité absolue du territoire »,* et le maréchal Foch qui affirmait : *« Si l'on est victorieux, on assure par là même la conservation du territoire... Assurer l'inviolabilité du territoire n'est pas le but principal à donner aux armées : c'est un dogme périlleux. »* Position soutenue par le maréchal Joffre : *« Ce serait se vouer à la défaite que de vouloir établir une nouvelle muraille de Chine. »*

Il ne s'agissait pas d'un débat de caractère purement militaire — sur le plan technique le maréchal Pétain était bien plus partisan de l'arme aérienne que le maréchal Foch —, mais, comme le souligne Maurice Vaïsse, la conception de Pétain est partagée non pas seulement par une partie de l'armée, mais aussi par le personnel parlementaire *de droite et de gauche.* Elle est donc destinée à l'emporter alors qu'elle était contradictoire avec la politique étrangère qui était faite. Il faut en chercher l'explication dans la psychologie collective de la nation. Son *« origine remonte au traumatisme démographique et moral qu'a subi le pays. La peur de l'Allemagne qui est à la base de la volonté française de sécurité, se dilue dans une peur plus générale, confuse et inhibante, la peur de la guerre, du "feu qui tue", et de toute offensive coûteuse en hommes »*[16].

Peut-on ici parler de rupture du consensus ? Pas vraiment. On a plutôt l'impression qu'est en train de s'établir un nouveau consensus mais inverse du précédent. Le consensus de la guerre avait été celui d'une communauté nationale consciente d'elle-même ; c'est paradoxalement maintenant celui d'une nation victorieuse, dominant militairement le Continent, mais dont l'agressivité cache mal qu'elle est devenue craintive, qu'elle redoute les réactions et la puissance de l'ennemi momentanément abattu, qu'elle sent qu'elle ne pourrait y faire face le cas échéant, qu'elle sait qu'elle ne pourrait recommencer le prodigieux effort de la guerre précédente. Le pacifisme représentait un courant puissant dans la France d'avant 1914, mais il était « amour de la paix ». Celui d'après la guerre n'était-il pas plutôt « peur de la guerre » ? En d'autres termes ne pouvait-il être le point de départ de tous les renoncements ?

Le pacifisme

Il serait évidemment excessif de considérer que dans la France de l'après-guerre le pacifisme est devenu général ; il n'en occupe pas moins une place considérable dans l'opinion. Il s'exprime principalement à travers quatre groupes, les anciens combattants, comme nous l'avons vu, les paysans — ce n'est pas pour rien que le courant socialiste qui trouve dans le bolchevisme la matérialisation de sa haine de la guerre est formé en partie des nouveaux adhérents ruraux —, les instituteurs et les intellectuels.

Véritable modèle culturel pour une partie du pays, les instituteurs ont une influence encore par leurs fonctions fréquentes de secrétaires de mairie. Leur syndicat, le Syndicat national des Instituteurs (SNI), créé en 1920, fut pendant l'entre-deux-guerres à l'avant-garde du pacifisme dans les milieux syndicaux. Dès 1922, le SNI avait lancé une campagne contre le contenu des manuels scolaires qu'il estimait belliqueux et nationaliste.

Quant aux intellectuels[17], c'est dans ce secteur de l'opinion, grâce aux travaux existants, qu'il est le plus facile de repérer les manifestations du pacifisme.

Il faut faire d'abord une place au mouvement *Clarté* qui naît en 1919, sous la direction de l'écrivain Henri Barbusse, et qui se voulait être une Internationale des intellectuels pour organiser la protestation contre la guerre. Le mouvement donna naissance à une revue *Clarté* qui ne fut pas sans importance dans les premières années vingt. Plus que Barbusse, les deux inspirateurs de la publication furent Raymond Lefebvre et Paul Vaillant-Couturier. Pratiquement du même âge (ils n'ont pas trente ans à la fin de la guerre), du même milieu social, appartenant à la « génération du feu » (tous deux ont été blessés), ils ont été illuminés par la *« grande lueur à l'Est »*. Pour eux, comme pour ceux qui s'occupèrent réellement de la revue — Raymond Lefebvre mourut au large de Mourmansk en 1919 et Vaillant-Couturier obliqua vers l'action politique —, ce qui les a uni, ce fut la guerre, le souvenir de la guerre. Leur première préoccupation fut d'empêcher *« l'oubli de la guerre »*, il faut entendre l'oubli de ce qu'elle fut réellement, non pas une page de gloire, mais d'horreur. Ils veulent faire connaître *« la vérité de la guerre »*. Ils s'indignent que d'anciens soldats puissent passer calmement au pied des monuments aux morts sans en sentir l'insulte avec, par exemple, leurs coqs glorieux. Mais ils veulent aller encore plus loin, car beaucoup d'écrivains « réalistes » avaient décrit les horreurs de la guerre. Une de leur idées-force est de démontrer que ceux qui ont conduit cette guerre n'ont été que de vulgaires assassins, le numéro du 20 juillet 1924 par exemple proclame : *« Les généraux assassins impunis et leurs 1 900 000 victimes »*. Ils stigmatisent Joffre *« l'assassin débonnaire de 1 279 000 Français »* qui finira ses jours dans un lit douillet.

En contrepartie, *Clarté* s'est peu interrogée sur les origines de la guerre, sur la nature du conflit. Non pas que la revue ne fasse pas allusion de temps en temps aux responsabilités de l'impérialisme, mais son approche est essentiellement sentimentale. Plus qu'une école de communisme, ce qu'elle veut être également, elle est une école de pacifisme, d'un pacifisme total et sans nuances. C'est un pacifisme à l'état pur qui rejette toute forme de guerre parce que la guerre est mauvaise en soi.

On retrouve une attitude assez proche dans la jeunesse des Ecoles, et en particulier chez les élèves des Khâgnes et de l'Ecole normale supérieure. Jean-François Sirinelli[18] a bien montré que pour les Khâgneux et les Normaliens qui ont un engagement politique, le pacifisme est primordial et que le parcours ultérieur de beaucoup d'entre eux fut lié à cet engagement de jeunesse. Son analyse permet de connaître de quel pacifisme il s'agit, dans la mesure où la notion est en elle-même assez vague — les courants qui font l'apologie de la guerre étant à peu près toujours marginaux. C'est là aussi un *pacifisme à l'état pur,* un pacifisme qui consiste à refuser la guerre, toute guerre, à n'accepter aucune circonstance exceptionnelle. L'explication en est simple : qu'ils aient fait la guerre — certains normaliens ne purent faire leur scolarité qu'une fois la guerre achevée — ou qu'ils ne l'aient pas faite pour la plupart, qu'ils appartiennent directement à la « génération du feu » ou indirectement, l'horreur de la guerre est au cœur de leur engagement. Au nom de la guerre qui a eu lieu, il faut refuser toute guerre. Leur pacifisme les conduit même à admettre n'importe quoi en vertu du pacifisme. C'est le cas avec l'affaire des poursuites qui eurent lieu contre Georges Demartial, un des porte-parole de ce courant qui, dans les années vingt, s'est employé à démontrer que les pays de l'Entente en général et Poincaré en particulier étaient responsables de la guerre, et que l'Allemagne et l'Autriche-Hongrie étaient innocents ou presque... A vrai dire, beaucoup se sont solidarisés avec Georges Demartial parce qu'ils n'admettaient pas qu'on puisse être poursuivi pour la manifestation d'idées, mais, pour certains, c'était mettre aussi le doigt dans un engrenage qui conduisait assez loin du pacifisme et consistait à trouver toujours la vérité du côté de l'Allemagne, quelle que soit cette Allemagne d'ailleurs. Georges Demartial proclama pendant la Seconde Guerre mondiale l'Allemagne défenseur de la vérité !

Quoi qu'il en soit des parcours ultérieurs des uns et des autres, il est surtout important de souligner que, beaucoup plus que l'influence de certains de leurs maîtres comme Alain, l'intensité de leurs sentiments pacifistes, leur irénisme, leur irréalisme même, traduisent l'air de l'époque. Ils reflètent une importante composante de l'opinion publique du moment.

Même si le pacifisme n'atteint pas en général les formes qu'il revêt dans *Clarté* où il se marie au messianisme révolutionnaire, il imprègne véritablement la société dans les années vingt. Il est *« une des clés de voûte de la France de l'entre-deux-guerres »* (J-F. Sirinelli)[19], au point que les hommes politiques, de gauche mais aussi de droite, en sont affectés dans leur grande majorité. L'évolution d'un Poincaré qui, après avoir incarné la politique d'exécution, laisse son ministre des Affaires étrangères, Aristide Briand, développer la politique à peu près contraire, est tout à fait symptomatique. Si même Poincaré-la-Guerre (c'est l'épithète que ses adversaires lui avaient attribuée dans les premières années vingt) acceptait ainsi une conception nouvelle des choses, il est facile d'en inférer combien le pacifisme avait profondément imprégné le pays.

« La secousse et l'hémorragie que constitua au bout du compte la Grande Guerre pour la société française furent d'une telle ampleur qu'un pacifisme venu du tréfonds d'une nation saignée à blanc s'imposa au cours de la décennie suivante comme sentiment consensuel »[20].

Un consensus en avait-il chassé un autre ?

Les ruptures du consensus, avons-nous donné comme titre à la dernière partie de cet ouvrage. Mais l'expression est ambiguë. Il y a certes rupture du consensus dans la mesure où une fraction minoritaire, même très minoritaire, rejette le modèle national et entend lui en substituer un autre ; il y a rupture du consensus en ce sens aussi que les classes moyennes et rurales qui faisaient l'armature du pays ont été trop éprouvées pour continuer à jouer leur rôle traditionnel, qu'elles sont plus tentées de se refermer sur elles-mêmes que d'être porteuses des intérêts nationaux ; mais il y a aussi rupture du consensus dans le sens de consensus déchiré, annulé. Contrairement à ce qu'a écrit Stanley Hoffman[21], l'importance du choc de la guerre de 1914 n'est pas si aveuglante. La meilleure preuve c'est qu'il a fallu bien des années et que passe une autre guerre mondiale pour qu'on puisse comprendre que l'essentiel n'avait pas été ses conséquences matérielles et démographiques, mais ses effets sur les mentalités. Une formule comme *« Plus jamais ça »* a été profondément dévastatrice, car elle a traduit l'affaiblissement du sentiment national, en impliquant qu'il pouvait y avoir quelque chose de supérieur à la défense de la patrie.

Les Français d'avant 1914 étaient profondément divisés, mais ils étaient unis dans le patriotisme, même quand leur patriotisme s'exprimait de façons bien différentes, même quand paradoxalement ils se proclamaient « antipatriotes ». Les Français d'après 1914 se croient encore profondément patriotes, mais ils ne veulent pas savoir qu'ils n'auraient plus la force de manifester leur patriotisme.

Il a fallu, lorsque l'heure des périls a de nouveau sonné, que la France connaisse la chute la plus dramatique de son histoire, pour que les hommes, qui, pour l'essentiel, étaient les mêmes que ceux qui avaient *« fait quatorze »*, comprennent que dans l'évolution des sociétés, rien n'est jamais donné, qu'un peuple, aussi grand qu'il ait été, peut être demain capable de tous les abandons. Serait-il exagéré de dire que c'est après la guerre de 1914 et à cause d'elle, que les fières paroles du *Chant du départ* sont devenues pour beaucoup véritablement une chanson ?

NOTES

L'Etat de la France en 1914

1 *« Cet admirable Etat-Major ».*

2 Propos rapportés par Romain Rolland dans son *Journal des années de guerre (1914-1919)*, Albin Michel, 1952, pp. 31-32.

3 Voir Maurice Agulhon. « La Révolution française au banc des accusés », in *Vingtième Siècle,* janvier-mars 1985.

4 François Mauriac. *Le Nouveau Bloc-notes,* 1958-1960, Flammarion, p. 349.

5 Voir sur ce point particulièrement Michel Winock. *La fièvre hexagonale (Les grandes crises politiques 1871-1968),* Calmann-Lévy, 1986 et « Les affaires Dreyfus », in *Vingtième Siècle,* janvier-mars 1985.

6 Jean-Marie Mayeur. *La séparation de l'Eglise et de l'Etat,* Archives, Julliard, 1966, p. 78.

7 René Rémond. *L'anticléricalisme en France (de 1815 à nos jours).* Editions Complexe, *1985, p. 214.*

8 Raoul Girardet. *Le nationalisme français (1871-1914)* Armand Colin, 1966, p. 18.

9 Eugen Weber. *L'Action française,* Stock, 1964, p. 102.

10 Pierre Nora. « Les deux apogées de l'Action française » in *Annales* ESC, janvier-février 1954.

11 Jean-Jacques Becker. *Le carnet B.* Klincksieck, 1973.

12 Jean-Jacques Becker. « Antimilitarisme et antipatriotisme en

France avant 1914, le cas de Gustave Hervé », in *Enjeux et puissances,* Mélanges en l'honneur de Jean-Baptiste Duroselle, Publications de la Sorbonne, 1986.

[13] Jacques et Mona Ozouf. « Le thème du patriotisme dans les manuels scolaires », in *Le Mouvement social,* Octobre-décembre 1964.

[14] Pierre Nora. « Ernest Lavisse, son rôle dans la formation du sentiment national », in *Revue Historique,* juillet-septembre 1962.

[15] Pierre Nora. « L'Histoire de France de Lavisse », in *Lieux de mémoires,* tome II. 1, 1986 (sous la direction de Pierre Nora), p. 363.

[16] Jean Rabaut. *Jaurès et son assassin.* Ed. du Centurion, 1967 et *Jaurès assassiné.* Ed. Complexe, 1984.

Les progrès du consensus

[1] Jean-Jacques Becker. *Le Carnet B.* Klincksieck, 1973.

[2] Les principaux travaux sont ceux de Stéphane Audoin-Rouzeau. *14-18, les combattants des tranchées.* Armand Colin, 1986, et « Les soldats français et la nation de 1914 à 1918 d'après les journaux des tranchées » in *Revue d'Histoire moderne et contemporaine* (janvier-mars 1987) ; et d'Annick Cochet : *L'opinion et le moral des soldats en 1916 d'après les Archives du Contrôle postal* (2 tomes), Université Paris X de Nanterre, 1986 et « Les paysans sur le Front en 1916 », in *Bulletin du Centre d'Histoire de la France contemporaine,* n° 3 1982. Université Paris X Nanterre.

[3] Françoise Thébaud. *La femme au temps de la guerre de 1914.* Stock, 1986 ; et Mathilde Dubesset, Françoise Thébaud et Catherine Vincent. « Les munitionnettes de la Seine », in *1914-1918. L'Autre-front* (*Cahier du Mouvement Social* n° 2).

[4] Michelle Perrot. « Sur le front des sexes : un combat douteux », in *Vingtième siècle,* Juillet 1984.

[5] Pierre Sorlin. *La société française,* Tome II, 1969. Arthaud p. 165.

[6] Henri Burgelin. *La société allemande.* Arthaud. 1969, p. 89.

[7] François Bedarida. *La société anglaise.* Arthaud, 1976, p. 175.

[8] Jean-Noël Jeanneney. *François de Wendel en République. L'argent et le pouvoir,* 1914-1940, Paris, 1976, p. 25.

[9] Sur toutes les questions de la « mobilisation industrielle », voir Gerd Hardach « La mobilisation industrielle en 1914-1918 : production, planification, idéologie, in *1914-1918. L'Autre-Front,* (*Cahier du Mouvement social* n° 2).

[10] Pierre Bouyoux. *L'opinion publique à Toulouse pendant la Première Guerre mondiale.* Toulouse, 1970.
[11] Discours du 25 novembre 1917, cité par Gerd Hardach, *op. cit.*
[12] Madeleine Rébérioux et Patrick Fridenson. « Albert Thomas, pivot du réformisme français » in *Mouvement social,* avril-juin 1974.
[13] Gilbert Hatry. « Les délégués d'atelier aux usines Renault » in *L'Autre-Front, op. cit.*
[14] John Horne. « Le Comité d'action CGT-PS », in *Le Mouvement social,* janvier-mars 1983.
[15] Jean-Louis Robert. « Les grèves parisiennes, août 1914-juillet 1919 », in *Colloque d'histoire internationale des grèves.*

Les aléas du consensus

[1] Pierre Renouvin, *Les formes du gouvernement de guerre,* Presses universitaires de France, 1925, pp. 18 et sq., pp. 76 et sq.
[2] Pierre Renouvin, *op. cit.,* p. 43.
[3] Pierre Renouvin. *op. cit.*
[4] Fabienne Bock. « L'exubérance de l'Etat en France de 1914 à 1918 », in *XXe siècle* « La guerre en son siècle » n° 3 juillet 1984.
[5] Adolphe Delemer. *Le bilan de l'Etatisme.* Payot, 1922, p. 41.
[6] Trusteev, pseud. de Maurice Kellersohn. *Le bilan de la guerre.* Plon, 1921, p. 31.
[7] Marcel Augé-Laribé. *L'agriculture pendant la guerre.* P.U.F., 1927.
[8] Etienne Clémentel. *La France et la politique économique interalliée.* Paris, New-Haven, 1931, Publication de la dotation Carnegie pour la paix internationale, p. 321, citée par Fabienne Bock, *art. cit.*
[9] Serge Berstein. *Histoire du parti radical (1919-1939).* Presses de la Fondation nationale des Sciences politiques, Tome I. 1980 et « Le parti radical-socialiste durant la Première Guerre Mondiale » in *1914-1918. L'Autre front. (Cahier n° 2 du Mouvement Social),* 1977.
[10] Pierre Renouvin, « Les buts de guerre du gouvernement français » in *Revue historique,* janvier-mars 1966.
[11] Georges Soutou. *Les buts de guerre économique des grandes puissances de 1914 à 1919* (Thèse pour le doctorat, 1987).
[12] Annie Kriegel. *Aux origines du communisme français* (1914-1920). Mouton, 1964 et *Le Congrès de Tours.* Archives, Julliard, 1964.

[13] Eugen Weber. *L'Action française.* Stock, 1962, p. 134.

[14] Yves Lequin. « 1914-1918, l'opinion publique en Haute-Savoie devant la guerre ». *Revue Savoisienne,* 1967.

[15] *Archives du Service historique de l'Armée de terre* (SHAT) 16 N 1538 (1).

[16] Maurice Dommanget. *Histoire du 1er mai.* Editions de la Tête de Feuilles, 1972.

[17] Voir M. Dubesset, F. Thebaud, G. Vincent. « Les munitionnettes de la Seine » in *L'Autre-Front, op. cit.* et Jean-Louis Robert. « Les grèves parisiennes (août 1914) », *art. cit.*

[18] Gilbert Hatry. « Les délégués d'atelier de Renault », in *L'Autre-Front, op. cit.*

[19] Jean-Louis Robert. *art. cit.*

[20] Max Gallo, « Quelques aspects de la mentalité et du comportement ouvrier dans les usines de guerre (1914-1918) » in *Mouvement social,* juillet-septembre 1966.

[21] Annick Cochet. *L'opinion et le moral des soldats en 1916.* Thèse Paris X — Nanterre, 1986.

[22] Jean-Pierre Azéma. « Pétain et les mutineries de 1917 ». *L'Histoire,* janvier 1988.

[23] Guy Pedroncini. « Les mutineries de 1917 dans l'armée française », in *Historiens et Géographes.* Juillet-août 1987.

[24] Stéphane Audoin-Rouzeau. *14-18, les combattants des tranchées.* Armand Colin, 1986.

[25] Jean-Baptiste Duroselle. *Histoire de la Grande Guerre.* Editons Richelieu. 1972, p. 184.

Les prolongements du consensus

[1] Pierre Renouvin. *11 novembre 1918, L'Armistice de Rethondes* (coll. Trente journées qui ont fait la France). Gallimard, 1968, p. 7.

[2] André Ducasse, Jacques Meyer, Gabriel Perreux. *Vie et mort des Français (1914-1918)* Hachette, 1959, p. 456.

[3] *Le Moniteur du Puy-de-Dôme,* 12 novembre 1918.

[4] A.D. Cher. R 15-16.

[5] Jean-Jacques Becker. *Les Français dans la Grande Guerre.* Robert Laffont, 1980, p. 295.

[6] Pierre Renouvin, *op. cit.,* p. 255 et sq.

[7] Général Weygand. *Le 11 Novembre.* Flammarion. 1958, p. 111 et sq.

[8] Antoine Prost. *Les anciens combattants et la société française (1914-1939)*. Presses de la Fondation nationale des Sciences politiques. 1977, tome III, p. 52 et sq.
[9] J.B. Reynel. *Quelques discours*. Librairie Gedalge, Paris, 1923.
[10] Tout ce chapitre doit l'essentiel de son contenu à Antoine Prost, *op. cit.*
[11] Michel Winock. « Le fascisme en France », in *L'Histoire,* n° 28 - 1980.
[12] Serge Berstein. « L'opinion française au miroir de la guerre », in *Revue d'Histoire moderne et contemporaine.* Juillet-septembre 1979.
[13] Annette Becker. *Les monuments aux morts. Mémoire de la Grande Guerre.* Editions Errances. 1988.
[14] Serge Berstein. *Histoire du parti radical.* PFNSP. 1980, tome I, p. 119.
[15] Jean-Marie Mayeur. *La vie politique sous la IIIe République.* Seuil, 1984, p. 259 et sq.
[16] Eugen Weber. « Le renouveau nationaliste en France et le glissement vers la droite (1905-1914) », in *« Revue d'Histoire moderne et contemporaine.* Avril-juin 1958.
[17] René Rémond. *Les droites en France.* Aubier, 1982, p. 181.

Les ruptures du consensus

[1] Alfred Sauvy. *Histoire économique de la France entre les deux guerres.* Fayard, 1965, tome I, p. 31.
[2] Jacques Marseille et Alain Plessis. *Vive la crise et l'inflation.* Hachette, 1983, p. 211.
[3] Pierre Sorlin. *La société française.* Tome II *(1914-1968),* Arthaud, 1971, p. 71.
[4] Georges Dupeux. *La société française.* Armand Colin, 1972, p. 201.
[5] Henri Morsel, in *Histoire économique et sociale du Monde* (sous la direction de Pierre Léon), Tome 5 *Guerres et crises (1914-1947),* Armand Colin, 1977, p. 209.
[6] *op. cit.,* p. 213-214.
[7] Michel Augé-Laribé. *Le paysan français après la guerre.* Garnier frères, 1923, p. 134-136.
[8] Annie Kriegel. *Aux origines du Communisme français (1914-1920).* Mouton, 1964, Tome I, p. 330 et sq.
[9] Georges Lefranc. « Le socialisme en France », in *Histoire générale*

du socialisme, sous la direction de Jacques Droz, tome III, p. 337 et sq.

[10] Annie Kriegel, *op. cit.*, tome I, section III et *Le congrès de Tours,* Archives, Julliard, 1964, Introduction.

[11] Pierre Miquel. *La paix de Versailles et l'opinion française.* Flammarion, 1972, p. 37 et sq.

[12] Jean Doise et Maurice Vaïsse. *Diplomatie et outil militaire (1871 1969).* Imprimerie nationale, 1987, p. 268.

[13] Jacques Bariéty. *Les relations franco-allemandes (1917-1924),* Pedone, 1977 et *Bulletin de la Société d'Histoire moderne,* n° 3, 1973, « Les réparations allemandes après la première guerre mondiale : objet ou prétexte à une politique rhénane de la France. »

[14] René Girault, Robert Frank. *Turbulente Europe et nouveaux mondes (1914-1941).* Masson, 1988, p. 104.

[15] Jean Doise, Maurice Vaïsse, *op. cit.,* p. 275.

[16] René Girault, Robert Frank, *op. cit.,* p. 102.

[17] Jean-Paul Brunet. « Le pacifisme en France dans les années trente », in *Le pacifisme dans les lettres françaises de la Belle époque aux années trente.* Orléans, 1985, p. 54.

[18] Jean-François Sirinelli. *Génération intellectuelle. Khâgneux et Normaliens dans l'entre-deux-guerres.* Fayard, 1988.

[19] Jean-François Sirinelli. « La génération du feu », in *L'Histoire,* n° 107, janvier 1988.

[20] Pascal Ory et Jean-François Sirinelli. *Les intellectuels en France de l'Affaire Dreyfus à nos jours.* Armand Colin, 1986, p. 74-75.

[21] Stanley Hoffmann. « Le désastre de 1940 », in *L'Histoire,* n° 10-1979.

BIBLIOGRAPHIE

AUDOIN-ROUZEAU (Stéphane), *14-18. Les combattants des tranchées.* Armand Colin. 1986, 223 p.

BARIÉTY (Jacques), *Les relations franco-allemandes (1917-1924).* Pedone 1977. 797 p.

BECKER (Annette), *Les monuments aux morts. Mémoire de la Grande Guerre.* Editions Errance. 1988, 158 p.

BECKER (Jean-Jacques), *Le Carnet B.* Klincksieck. 1973, 227 p.

BECKER (Jean-Jacques), *1914. Comment les Français sont entrés dans la guerre.* Presses de la Fondation nationale des Sciences politiques. 1977, 638 p.

BECKER (Jean-Jacques), *Les Français dans la Grande Guerre.* Robert Laffont. 1980, 317 p.

BECKER (Jean-Jacques), *La Première Guerre mondiale (Le monde de...).* M.A. Editions. 1985, 238 p.

BERSTEIN (Serge), *Histoire du parti radical (1919-1939).* PFNSP. Tome I. 1980, 487 p.

COCHET (Annick), *L'opinion et le moral des soldats en 1916, d'après les Archives du contrôle postal.* Université de Paris X Nanterre. 1986.

CONTAMINE (Henry), *La Victoire de la Marne (Trente journées qui ont fait la France).* Gallimard. 1970, 566 p.

DOISE (Jean), VAÏSSE (Maurice), *Diplomatie et outil militaire (1871-1969).* Imprimerie nationale. 1987, 566 p.

DROZ (Jacques) (sous la direction de...), *Histoire générale du socialisme.* Tome II (1875-1918). P.U.F. 1974 — Tome III (1918-1945). PUF. 1977.

DUCASSE (André), MEYER (Jacques), PERREUX (Gabriel), *Vie et mort des Français (1914-1918).* Hachette. 1959, 509 p.

DUROSELLE (Jean-Baptiste), *La France et les Français (1914-1920).* Editions Richelieu. 1972, 397 p.

FERRO (Marc), *La Grande Guerre.* Gallimard. 1969, 384 p.

FRIDENSON (Patrick) (sous la direction de...) « 1914-1918, l'Autre-front », *Cahier du Mouvement social, n° 2.* Editions ouvrières. 1977.

GÉNÉRAL F. GAMBIEZ, COLONEL M. SUIRE, *Histoire de la première guerre mondiale (1914-1918).* Fayard. 1968, deux volumes, 386 p. et 447 p.

GIRARDET (Raoul), *Le nationalisme français (1871-1914).* Armand Colin. 1966, 277 p.

GIRAULT (René), FRANK (Robert), *Turbulente Europe et nouveaux mondes (1914-1941).* Masson. 1988, 279 p.

JEANNENEY (Jean-Noël), *François de Wendel en République. L'argent et le pouvoir (1914-1940).* Seuil. 1976, 670 p.

KRIEGEL (Annie), BECKER (Jean-Jacques), *1914, la guerre et le mouvement ouvrier français.* Armand Colin. Col. Kiosque. 1964, 244 p.

KRIEGEL (Annie), *Aux origines du communisme français (1914-1920).* Mouton. 1964, deux volumes.

KRIEGEL (Annie), *Le congrès de Tours*. Archives. Julliard. 1964, 257 p.

F. KUISEL (Richard), *Le capitalisme et l'Etat en France (modernisation et dirigisme au XXe siècle)*. Gallimard. 1981, 476 p.

LAUNAY (Michel), *1919, Versailles, une paix bâclée ?* Ed. Complexe. 1981.

LÉON (Pierre) (sous la direction de...), *Histoire sociale et économique du monde*. Tome V. *Guerres et crises (1914-1947)*. Armand Colin. 1977, 624 p.

MAYEUR (Jean-Marie), *La vie politique sous la IIIe République*. Seuil. 1984, 433 p.

MAYEUR (Jean-Marie), *La séparation de l'Eglise et de l'Etat*. Archives. Julliard. 1966, 199 p.

MIQUEL (Pierre), *La paix de Versailles et l'opinion française*. Flammarion. 1972, 611 p.

MIQUEL (Pierre), *La Grande Guerre*. Fayard. 1983, 668 p.

ORY (Pascal), SIRINELLI (Jean-François), *Les intellectuels en France de l'Affaire Dreyfus à nos jours*. Armand Colin. 1986, 264 p.

PEDRONCINI (Guy), *Les mutineries de l'armée française*. PUF. 1967, 328 p. ; et *Les mutineries de l'Armée française*. Archives, Julliard. 1968, 289 p.

PROST (Antoine), *Les anciens combattants et la société française (1914-1939)*. PFNSP. 1977. Trois tomes, 765 p.

RABAUT (Jean), *Jaurès assassiné*. Ed. Complexe. 1984, 185 p.

RÉMOND (René), *Les droites en France*. Aubier. 1982, 544 p.

RÉMOND (René), *L'anticléricalisme en France (de 1815 à nos jours)*. Ed. Complexe. 1985, 344 p.

RENOUVIN (Pierre), *La crise européenne et la première guerre mondiale*. PUF. 1962, 779 p.

RENOUVIN (Pierre), *Les formes du gouvernement de guerre*. PUF.

1925, 185 p.

RENOUVIN (Pierre), *11 novembre 1918. L'armistice de Rethondes (trente journées qui ont fait la France)*. Gallimard. 1968, 468 p.

SAUVY (Alfred), *Histoire économique de la France entre les deux guerres*. Tome I *(1918-1931)*. Fayard. 1965, 564 p.

SIRINELLI (Jean-François), *Génération intellectuelle. Khâgneux et Normaliens dans l'entre-deux-guerres*. Fayard. 1988.

SOUTOU (Georges), *Les buts de guerre économiques des grandes puissances de 1914 à 1919*. Fayard. 1988.

THÉBAUD (Françoise), *La femme au temps de la guerre de 1914*. Stock, 319 p.

WEBER (Eugen), *L'Action française*. Stock. 1964, 649 p.

WINOCK (Michel), *La fièvre hexagonale (les grandes crises politiques 1871-1968)*. Calmann-Lévy. 1968, 428 p.

CHRONOLOGIE

1913	
17 janvier	Raymond Poincaré, élu président de la République.
21 janvier	Aristide Briand, président du Conseil.
22 mars	Louis Barthou, président du Conseil.
7 août	Vote de la loi de *trois ans*.
16-19 octobre	Congrès de Pau du parti radical.
9 décembre	Gaston Doumergue, président du Conseil.
1914	
13 janvier	La *Fédération des Gauches* créée par Briand, Barthou, Millerand.
17 mars	Assassinat du directeur du *Figaro*, Gaston Calmette, par Mme Caillaux.
26 avril-10 mai	Elections législatives.
13 juin	René Viviani, président du Conseil.
28 juin	Attentat de Sarajevo.
15 juillet	Départ de Raymond Poincaré et de René Viviani pour la Russie.

23 juillet	Ultimatum de l'Autriche-Hongrie à la Serbie.
28 juillet	Déclaration de guerre de l'Autriche-Hongrie à la Serbie.
31 juillet	Assassinat de Jean Jaurès.
1er août	Mobilisation générale en France et en Allemagne.
3 août	Déclaration de guerre de l'Allemagne à la France.
26 août	Remaniement du gouvernement Viviani.
2 septembre	Le gouvernement quitte Paris pour Bordeaux.
4-10 septembre	Bataille de la Marne.

1915

12 janvier	Rentrée du Parlement.
20 mai	Albert Thomas, sous-secrétaire d'Etat à l'artillerie.
5-8 septembre	Conférence de Zimmerwald.
29 octobre	Démission du gouvernement Viviani.
30 octobre	Formation du gouvernement Briand. Le général Gallieni, ministre de la guerre.

1916

21 février	Début de la bataille de Verdun.
7 mars	Démission du général Gallieni.
20-24 avril	Conférence de Kienthal.
16-22 juin	Premier « comité secret » à la Chambre des députés.
1er juillet	Début de la bataille de la Somme.
12 décembre	Le général Lyautey, ministre de la guerre.
26 décembre	Joffre devient maréchal de France, mais cède le commandement au général Nivelle.
26-28 décembre	Congrès de la SFIO.

1917

17 mars	Démission du gouvernement Briand.

20 mars	Formation du gouvernement Alexandre Ribot.
16 avril	Offensive sur le Chemin-des-Dames.
4 mai	Début des mutineries dans l'armée.
15 mai	Le général Nivelle remplacé par le général Pétain.
mai-juin	Vague de grèves.
31 août	Démission du ministre de l'Intérieur Louis Malvy.
7 septembre	Démission du gouvernement Ribot.
13 septembre	Formation du gouvernement Painlevé.
6 novembre	« Révolution d'octobre ».
13 novembre	Le gouverment Painlevé est renversé.
16 novembre	Georges Clemenceau, président du Conseil.

1918

3 avril	Le général Foch devient commandant en chef des forces alliées.
18 juillet	Contre-offensive victorieuse du général Mangin.
6-9 octobre	Congrès de la SFIO. Changement de majorité.
11 novembre	Signature de l'armistice.

1919

18 janvier	Début de la Conférence de la paix.
19-21 avril	Mutineries de la « mer Noire ».
28 juin	Signature du traité de Versailles.
16 novembre	Elections législatives. Victoire du *Bloc National*.

1920

17 janvier	Paul Deschanel, président de la République.
20 janvier	Formation du gouvernement Millerand.
25-29 février	Congrès de la SFIO à Strasbourg.
28 avril	Début de la grande grève des cheminots.
20-26 décembre	« Congrès de Tours ».

INDEX